KB266731

꿈의 습관

꿈의 습관

초판 1쇄 | 2013년 11월 30일

지은이 | 서기수
펴낸이 | 이금석
기획 · 편집 | 박수진
디자인 | 김현진
마케팅 | 곽순식
물류지원 | 현란
펴낸곳 | 도서출판 무한
등록일 | 1993년 4월 2일
등록번호 | 제3-468호
주소 | 서울 마포구 서교동 469-19
전화 | 02)322-6144
팩스 | 02)325-6143
홈페이지 | www.muhan-book.co.kr
e-mail | muhanbook7@naver.com

가격 13,000원
ISBN 978-89-5601-324-4 (13320)

잘못된 책은 교환해 드립니다.

서기수 지음

프롤로그

삶이라는 집과
네 개의 방을 정리하고 꾸미는 방법

작가이자 라이프스타일 코치인 리처드 플린트(Richard Flint)의 저서 『스트레스에 관한 진실(The Truth About Stress: Understanding Your Life From The Inside Out)』에 '삶이라는 집은 크게 네 개의 방으로 구성되어 있다'는 내용이 나온다.

한 사람의 삶을 하나의 집이라고 생각해보면 삶의 여러 주요 영역을 이해하고 스트레스가 각 영역에 어떤 영향을 미치는지 쉽게 이해할 수 있다고 한다. 그래서 삶을 사방이 막힌 하나의 방이라고 생각하지 말고, 물건들을 정리하고 이리저리 돌아다니느라 시간을 보내고 에너지를 쏟는 하나의 집이라고 생각하자는 것이다.

이 집은 흔히 길에서 볼 수 있는 평범한 집이 아니라, 나만의 물건과 추억 그리고 다양한 경험을 정리하고 저장해 놓는 나만의 집이라고 정의하고 사람마다 약간씩 다르다는 것을 전제로 한다. 또한 방마다 다른 색깔의 벽지가 도배되어 있고, 크기나 모양이 자주 달라지는데 이러한 변화는 삶의 다양한 변화로 이어진다. 아울러 방마다 중요도가 달라서 사람마다 인생관과 삶을 바라보는 관점에 따라 변화하는 속도와 그 폭이 정해진다고 한다.

그럼 삶이라는 집에 있는 네 개의 방은 어떤 의미일까?

첫 번째 방은 '일을 위한 방'으로 사람의 일 혹은 직업의 방이다. 삶이라는 집에서 가장 큰 방이고, 다른 방들에게 재정적인 그리고 경제적인 지원과 안정을 주는 방이다. 반대로 이 방에서 주는 스트레스가 가장 커서 자칫 집의 존폐까지도 영향을 미친다고 한다. 또한 다른 방들과 자주 충돌하고 반목하기 때문에 첫 번째 방을 가장 중요한 방으로 생각하고 정리와 꾸미기에 상당 부분을 집중할 필요가 있다.

두 번째 방은 가족을 위한 방이다. 삶이라는 집을 지탱하고 유지하기 위해서 반드시 필요한 방이고, 이 방이 작아지거나 지저분해지고 정리가 안 된다면 치명적인 영향을 미칠 수 있다고 한다. 그리고 다른 방과의 관계에 있어서도 우선순위가 때로는 앞서지만 어느 순간 뒤처지면서 집이 무너지는 원인이 되기도 한다. 따라서 두 번째 방도 관심을 갖고 늘 꾸미기에 온 힘을 쏟을 필요가 있다. 하지만 이를 스트레스로 받아들이면 안 된다.

세 번째 방은 친구를 위한 방이다. 삶이라는 집을 유지하기 위해 하늘이 무너져도 필요한 방은 아니지만, 그 존재에 따라 집 꾸미기에 큰 영향을 미치기도 한다. 반대로 집안을 어지럽히고 혼란스럽게 만드는 결과를 가져올 수도 있다. 때로는 이 방이 다른 방의 역할보다 훨씬 중요한 역할을 할 때도 있어 늘 관심을 가지고 관리를 소홀히 할 수 없는 방이다.

마지막 방은 바로 자신을 위한 방이다. 위의 세 개의 방을 정리하고 꾸미다 보면 전혀 신경을 쓰지 못하는 경우가 많은 방이다. 그래도 일부 사람들은 자신을 위한 방에 더 신경을 써서 삶이라는 집을 크고 웅장하고 화려하게 꾸미는 경우도 있다.

실제 가족과 친구의 방은 흔적도 없이 사라지거나, 거의 쓸모없는 창고가 되기 때문에 최소한의 관리와 꾸미기가 필요한 방이다. 하지만 자신의 방은 최소가 아닌 최대한의 관심과 꾸미기가 필요하다는 것을 명심하고 늘 자신의 방을 둘러보는 습관이 필요하겠다. 많은 사람들이 자신의 방을 보지는 않고 창밖의 풍경과 바깥에만 신경을 쓰다 보니 정작 방 청소나 꾸미기에 소홀한 경우가 많기 때문이다.

이렇게 네 개의 방들은 모두 어느 것 하나 소홀히 할 수도 없고, 그렇다고 더 많은 시간을 할애해서 관리하고 꾸미기도 쉽지 않기 때문에 삶이라는 집의 유지나 확장을 위해 항상 노력해야 한다.

흔히 '나만 잘하면 되겠지'라는 생각을 하는데, 본인만 잘한다고 잘되는 게 아니다. 주변 여건이나 환경 또는 주변인들 때문에 좌절을 겪거나 실패를 맛보는 경우도 많다. 특히 직장생활이나 사회생활을 하다 보면 더더욱 그렇다. 위에 언급한 네 개나 되는 방을 유지하기에 벅차하는 직장인들이 많다. 물론 '선택과 집중'이 미덕인 시대이기는 하지만, 적당한 '덜 선택'을 통한 '집중의 분산'도 필요한 게 인생이 아닐까 싶다.

『달팽이가 느려도 늦지 않다』라는 책 제목처럼 삶이라는 집을 위해서는 네 개의 방 모두 소중하기에 골고루 선택하고 골고루 집중하는 여유로움이 필요하겠다. 이러한 관점에서 이 책을 시작하는 마음은 굳이 '자신을 위한 방'에 집중하고 싶다.

사람마다 자신이 세상에서 가장 외롭고 가장 힘든 삶을 산다고 생각하기 쉬운데, 절대 그렇지 않다는 걸 알려 주고 싶다. '자신을 위한 방'이 얼마나 소중하고 중요한지와 어떻게 꾸며야 할지를 알게 되었으면 한다.

똑같은 발라드 음악을 들어도 누구는 우울해지고 마음이 가라앉으면서 표정이 굳어진다. 그런데 누구는 애잔함을 느끼고 차분함과 함께 살포시 미소를 짓는 것은 바로 '자신을 위한 방'의 꾸미기 차이가 아닐까 싶다. 특히 40대를 넘어 외롭고 힘들고 기댈 곳 없는 대한민국의 新중년들에게 이 글들을 전하고 싶다.

—2013년 정릉의 서재에서
서기수

목차

1장

분하다

직장이
불만족스럽다

01

직장 5년 차 신현민 씨(31)는 월요일부터 금요일까지 매일 새벽 5시에 잠자리에서 일어나 서둘러 출근준비를 하고 5시 30분에 집을 나선다. 2호선 삼성역에 있는 사무실로 가는 것이 아니라 강남역에 있는 모 외국어 학원에 가기 위해서이다. 6시 40분에 시작하는 '영어 프레젠테이션' 수업에 참석하기 위해서는 지하철 첫차를 타고 역에서 내려 종종걸음으로 아니 거의 뛰다시피 가야 그나마 학원에 도착할 수가 있기 때문이다.

신현민 씨가 유별나게 자기계발을 하는 것일까? 새벽시간 첫 지하철과 버스에서 직장인들을 의외로 많이 볼 수 있다. 학원에서 영어수업을 듣거나, 헬스클럽에 가서 출근 전에 운동을 하는 직장인들이 많기 때문이다.

직장 1년 차 김지현 씨(38)는 토요일에 8세, 6세 딸들과 눈물의 이별을 해야 한다. 서울의 모 전문대학의 세무회계학과를 졸업해서 외국계 여행사에서 근무하고 있지만, 늘 마음속에 세무사 자격증에 대한 미련이 남아 있기 때문이다.

큰 마음먹고 세무사 학원에 직장인들을 위한 주말 종일반 수업을 접수했다. 오전 9시부터 오후 8시까지 진행되고, 별도로 마음에 맞는 사람들끼리 스터디를 하기 때문에 10시쯤 끝나서 집에 귀가하면 토요일에도 거의 11시가 넘는다.

처음 학원에 접수할 때는 반에서 제일 나이가 많지 않을까 걱정했는데 본인보다 나이가 많은 사람이 꽤 많아 그래도 편하게 다니고 있다. 토요일반과 일요일반으로 나뉘어 진행이 되는데, 두 반 모두 80명 정원이 꽉 차서 대기자가 있을 정도로 인기가 많다.

위의 두 사례처럼 자기계발을 위해 직장생활과 학업을 병행하는 사람들을 흔히 '셀레던트(Saladent, 셀러리맨과 스튜어던트의 합성어)'라고 한다. 현재 우리 사회의 상당수 직장인들이 셀레던트이고, 실천은 미루고 있지만 미래를 불안해 하는 직장인들이 대부분이라고 보면 될 정도로 평생직장이나 직업에 대한 개념은 이미 무너져 버린 지 오래다.

이처럼 많은 직장인들이 현재의 직장에 만족하지 못하고 새로운 길을 준비하고 있는 이유는 무엇일까? 사오정(40, 50대에 정년퇴직), 오륙도(50, 60대까지 정년퇴직하지 않으면 도둑놈)이라는 말이 유행어가 될 정도로 정년퇴직의 의미가 없어지고 있다. 100세 시대라는 말이 보편화될 정도로 평균수명이 길어지고 있는 사회적인 현상 때문일 것이다.

즉, 무난히 직장생활을 해도 50대 전후에 은퇴를 고민해야 하고 은퇴를 하더라도 30년 정도의 노후기간을 보내야 한다. 그런데 과연 이 기간에 어떻게 생계를 유지할 것이냐가 공통의 관심사가 되어버렸다. 정년퇴직 없이 건강이 허락된다면 평생 일할 수 있도록 준비하자는 것이 유행처럼 번진 것이다.

직장인 '10명 중 8명이 은퇴하는 것에 두려움을 느낀다'는 설문조사 결과를 보더라도 직장인들의 두려움 1순위가 '준비되지 않은 은퇴'라는 것을 알 수 있다.

얼마 전 취업포털 잡코리아가 출판사 알키와 함께 직장인 1,183명을 대상으로 '직장인 은퇴계획'에 대해 설문조사한 결과 이같이 나타났는데 '은퇴에 대해 생각하면 어떤 느낌이 드나?' 질문한 결과, 전체 응답자 중 79.5%가 '두려움, 슬픔 혹은 인생의 끝 등 부정적인 느낌이 든다'라고 답했다. '휴식, 기대감 혹은 새로운 시작 등의 긍정적인 느낌이 든다'라고 말한 응답자는

20.5%에 그쳤다.

　그러한 두려움과 슬픔의 생각이 드는 이유를 묻자 '월급이 사라지면 경제적으로 어려워질 것 같아서'란 응답률이 71.8%로 가장 많았다. 더 이상 할 일이 없다는 것 때문에(39.6%), 소속이 없어지기 때문에(31.8%), 직장에서 맺은 인간관계가 단절될 것 같아서(13.5%), 그 동안의 삶의 패턴이 완전히 바뀌기 때문에(10.1%), 기타(0.3%) 순이었다.

　'은퇴나 퇴직을 하고 나서도 일할 생각이 있는지'를 질문한 결과, '있다'란 응답자가 86.5%였으며, '없다'는 응답은 13.5%로 나타났다.

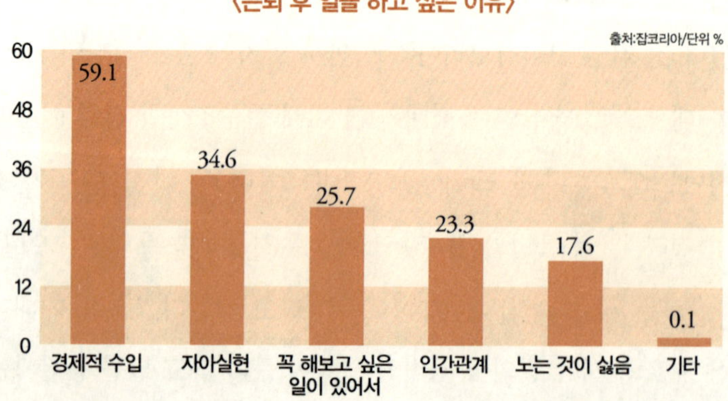
〈은퇴 후 일을 하고 싶은 이유〉

이 설문조사 결과를 통해 우리가 알 수 있는 불변의 진리는 다음과 같이 정리할 수 있다.

모든 직장인들은 언젠가는 은퇴를 한다 ➡ 은퇴 이후에도 오래 살기 때문에 무언가 생활비가 필요하다 ➡ 그 생활비를 마련하기 위해 가능한 오랫동안 일을 해야 한다 ➡ 그 일을 준비하기 위해 지금 무언가를 해야 한다

이러한 불안감과 두려움의 시작은 셀레던트로 이끈다. 퇴직이나 은퇴 준비라는 궁극적인 목적과 함께 셀레던트가 증가하는 또 다른 이유는 현재의 직장에서 명확한 비전을 제시해주지 못하기 때문이다. 적어도 나의 인생을 걸 정도의 성취감이나 보람 없이 월급 먹는 하마로 전락해 버린 자신에 대한 비애감이 자기계발로 이어진다.

50대 중반까지는 고사하고 당장 40대만 넘어서도 이 회사에서 계속 보람을 찾고 기쁘고 안정적으로 일할 수 있을까라는 의구심을 대부분의 직장인들이 가지고 있다. 2012년 6월 27일 한국경제

신문에는 이런 기사가 있었다.

직장·상사에게 비전 내놓으라는 당신
역량은 개인이 만드는 것!

직장 비전 없다고 과감히 퇴사…
밖에 나와도 갑갑하긴 마찬가지

개인의 비전부터 세워야 '자신의 향후 비전에 대해 어떻게 전망하고 있는가'라는 온라인 포털의 질문에 직장인의 60% 이상이 '현재 직업으로는 비전이 없다'라고 답했다. 상사에게 바라는 가장 큰 소망으로는 '비전 제시'를 첫 번째로 꼽았다.

27세에 대기업에 입사한 J씨의 사연

J씨는 16년 동안 근무 후 43세 되던 2002년 명예퇴직을 했다. 직장을 다니면서 결혼도 하고, 집도 장만했다. 남부럽지 않은 연봉에 여유 있는 생활을 했지만, 직장에선 더 이상 비전을 찾을 수 없다는 결론을 내렸다. 한 살이라도 젊을 때 사업을 하는 것이 유리하다는 생각으로 과감히 회사에서 나왔다.

퇴직 3개월 만에 유명 프랜차이즈 제과점을 열었다. 창업지원센터에서 안내해준 대로 퇴직금과 명퇴금을 모두 동원해 창업했다. 1년 동안 정말 열심히 일했다. 직장인이 아닌 오너로서 긍지와 책임감으로 흥분에 빠진 1년이었다. 직장 출근 땐 아침에 벽을 할퀴면서 간신히 일어났지만, 창업 후에는 날이 밝기도 전에 자연스럽게 눈이 떠졌다.

그러나 가맹점 계약기간을 다 채우지도 못하고 3년 만에 문을 닫았다. 열심히 일한 수입의 대부분이 이름뿐인 본사로 빨려 들어가는 것을 참을 수 없었다.

그 뒤 학원과 집 이외에는 두문불출 수험생 모드로 돌입했다. 6개월 만에 공인중개사 자격증을 취득했다. 고3 수험생 이상으로 힘든 인고의 시간을 보낸 결과였다. 국가 자격증을 처음으로 손에 넣은 날, 고생은 끝난 줄 알았다. 공인중개사 사무실을 열었다.

그러나 그것도 오비이락, 까마귀 날자 배가 떨어졌다. 부동산 침체가 본격화된 것이다. 2년 만에 다시 폐업신고를 했다. 그동안의 명퇴금과 퇴직금이 모두 사라졌다.

J씨의 퇴직 후 10년

중학생을 대상으로 수학 개인교습을 시작했다. 아파트단지 내에서 혼자 할 수 있는 일이었기 때문에 수입은 많지 않았지만 마음은 편했다. 낮과 밤을 바꾸는 대리운전이 아님을 다행으로 생각했다. 그러나 그것도 2년을 넘기지 못했다. 결국 집을 담보로 은행에서 돈을 빌렸다. 그 돈으로 파생상품 매매를 하는 주식에 손을 댔다. 그것 역시 그의 편이 아니었다. 금융위기로 인해 큰 피해를 보았다.

퇴직 후 10년이 태풍처럼 삶을 할퀴고 지나갔다. 43세의 나이가 어느덧 53세가 됐다. 까만 머리카락은 반백으로 변했고, 안경 없이도 잘 보이던 눈은 예전 같지 않았다. 10년 만에 다시 취업 시장을 기웃거려 봤지만 가능성이 희박했다. 이렇게 또 10년이 지나면 63세가 된다. 앞날을 생각하면 갑갑하지만, 길

은 있을 것이라는 막연한 희망을 가
져본다.

베이비부머 마지막 세대 K씨

K씨 역시 내년이면 50세가 되는
베이비부머 마지막 세대이다. 그는
견실한 중견 기업에서 10년간 전문
직으로 일했다. 10년 동안 너무 정
체돼 더 이상의 성장이 어렵겠다는
판단으로 규모는 조금 작지만, 성장
가능성이 있을 것 같은 두 번째 회사
로 옮겼다. 하지만 그곳에서 1년을
버티지 못했다. 조직과 업무 체계가
잡히지 않은 새로운 회사의 시스템
속에서 버틸 수 없었다. 분위기가 바
뀌면 새로운 시작이 될 것이라는 믿
음이 무너져버렸다. 좀 더 치밀하게
준비하고 전직하지 못한 것이 후회
스러웠다. 그렇다고 전에 있던 회사
로 돌아갈 수도 없었다.

6개월을 쉬다 더 작은 기업에 취
업했다. 회사의 시스템이나 조직이
열악했지만, 그렇다고 바로 퇴직할
수는 없었다. 2년 동안 가까스로
버텼지만 더 이상은 무리였다. 또
퇴직했다. 3개월을 쉬었다. 정부에
서 주는 전직지원 수당을 신고하러
지방 고용노동부를 찾아갈 때마다
얼굴이 화끈거렸지만 별 도리가 없
었다.

이번에는 잘 알고 지내던 선배의
추천으로 국내 기업의 중국 공장으
로 나가게 됐다. 적지 않은 나이에
해외 근무라는 것이 무리인 줄은 알
았지만, 더운밥 찬밥 가릴 처지가
아니었다. 그렇게 중국에서 4년 동
안 일했다. 그곳에서도 더 이상은
무리였다. 바로 귀국했다. 다시 수
소문 끝에 지인의 소개로 작은 기업
에 취업했다. 10명도 안 되는 기업
에서 임원으로 일했지만, 그것도 2
년이 한계였다. 회사의 부도를 막을
수 없었다.

그 뒤로 지금까지 3년 동안 특별

한 일 없이 살아가고 있다. 이제는 더 이상 비비고 들어갈 곳을 찾을 수 없음에 한계를 느낀다. 더 큰 문제는 앞으로 최소 20년 동안은 일을 더 해야 한다는 데 있다. 순간순간 열심히 살아온 결과가 이렇게 마무리될 줄은 상상도 못했다. 어디서 잘못된 것인지, 무엇이 잘못된 것인지 매일 자신에게 물어보는 것도 이제는 질린다.

기업체나 기관에서 임직원들을 대상으로 강의를 할 때 자주 물어 보는 질문이 '개인 비전이 있는가?'와 '인생에서 하고 싶은 버킷 리스트가 있는가?'이다.

하지만 대부분의 직장인들은 개인의 비전이 명확하지 않았고, 대부분 주위 동료들의 얼굴을 보면서 피식 웃고 마는 어색한 분위기만 만들어지곤 했다.

프로야구 소식이나 연예계 소식에 대해서는 흥분해서 열변을 토하며 끊임없이 자기의 생각과 전망을 이야기하는 그들이지만, 정작 자기 자신의 미래에 대한 계획과 꿈에 대해서는 벙어리나 다름 없다는 점이 안타깝기 그지없다.

미혼일 때에는 결혼이나 하고 생각해보자는 식이고, 결혼을 하면 내 집이나 마련해 놓고 생각해보자는 식이고, 내 집을 마련하고는 대출을 좀 갚고 나서 보자는 식이다.

그 다음에는? 아이가 태어나면 교육시키고 결혼시키느라 정신 없이 보내고, 어느새 엘리베이터가 없으면 2층 올라가는 것도 버거운 노년기를 맞이하게 되는 것이다.

비전은 개인이 세워야 한다. 요즘에는 1인 기업가나 사업가가 많이 나오고 있다. 아무도 못 믿는다기보다는 조직에 대한 아쉬움이 크기 때문에 그냥 혼자 시작해서 규모보다는 실리를 챙기자는 것이다. 이러한 모든 직장인들의 생각과 행동의 이면에는 심리적으로 현재 근무하는 회사에 대한 서운함과 아쉬움 내지는 작은 분노가 있다. 굳이 '체념'이라는 표현은 쓰고 싶지 않다. 다만 화가 나 있는 상태나 흥분한 상태에서 떠오르는 생각과 행동은 깊지 않고 멀리 내다보지 못한다는 것을 짚어주고 싶을 뿐이다.

어차피 내가 선택한 회사이고 내가 결정한 길이다. 누구를 탓하고 누구를 원망하겠는가? 누구를 탓하거나 원망하더라도 이제 와서 돌이킬 수도 없을 뿐더러, 그래도 그동안 배우고 쌓은 경험이나 지식이 정말 없지는 않을 것이다.

문제는 지금부터이다. 바로 지금 시점에서 어떻게 생각하고 어떻게 길을 만드느냐가 중요하다. 경기도의 모 연수원에 직장 신입사원들을 대상으로 강의를 하러 방문했던 당시, 연수원 본관 앞 잔디밭에 있는 커다란 돌이 눈에 들어왔다. 돌에는 회장님의 생각이 반영된 글귀가 새겨져 있었다.

한참 들여다보면서 필자도 많은 생각이 들었다. 과연 이 문구의 의미가 무엇일까? 정말 단순하게 문구의 내용대로 아무 생각 없이 일이 생길 때마다 임기응변을 발휘하며 닥치는 대로 살라는 말씀이신가? 아니면 다른 심오한 의미가 있는 것인가?

여기서 닥쳐오는 일들은 좋은 일보다는 좋지 않은 일들일 것이다. 그러한 일들이 발생하면 차분하고 슬기롭게 극복하라는 의미가 아닐까 싶다.

즉 '닥치는 대로 살아라'의 의미에는 '절대로 물러서지 마라', '인생의 고난에 지지 마라', '좌절하지 말고 극복해라' 하는 다양한 의미가 내포되어 있을 것이다.

물러서지 않기 위해 지지 않기 위해 극복하기 위해 지금도 많은 직장인들이 스스로 비전을 세우고 자기계발에 노력하고 있다. 적어도 이 무리에는 동참해야 하지 않을까? 직장생활에서 혹은 일상생활에서 작은 쉼이 생겼을 때 무엇을 생각하는가? 무엇을 읽는가? 무엇을 준비하는가? 이 질문에 스스로 가슴에 손을 얹고 답해보는 시간을 갖도록 하자.

그 상사가
그런 분인 줄 몰랐네

흔히 직장인들 사이에는 이런 표현이 있다.

"옆 부서 부장일 때에는 천사, 우리 부서의 부장일 때에는 미친×!"

이상하다. 분명히 같은 사람인데 왜 옆 부서의 부장일 때에는 천사고, 우리 부서의 부장일 때에는 미친×이라는 욕이 나오는 것일까?

옆 부서의 부장님의 위치와 본인이 근무하는 부서의 부장님의 위치의 다른 점은 딱 하나이다. 바로 개인적인 관계에서 업무적인 관계로 바뀐다는 것이다. 옆 부서의 부장일 때에는 같은 고향사람, 같은 학교 선배, 같은 취미나 관심사를 가진 그저 사람 좋은 직장 내 선배일 뿐이다. 하지만 내가 근무하는 부서의 부장님이 되는 순간 내 주간업무를 보고하고 그 결과에 대한 피드백을 받아야 한다. 나의 매월, 분기, 연말에 실적이나 업무 성과에 대한 평가를 하고, 연봉이 결정되는 인사고과 평점을 매기는 사람이 된다.

반대로 상사 입장에서는 옆 부서의 똘똘한 직원이었던 후배가 나의 승진과 회사 내의 입지나 성과를 결정하는 역할을 감당해야 한다. 그런 중요한 요소가 되어버리는 순간, 업무시간에 흡연실에 담배를 피우러 가거나 휴게실에서 차 한 잔 마시면서 다른 직원들과 노닥거리는 것조차 좋게 보이지 않는다. 또 중요한 시기(상사의 입장에서는 1년 365일이 항상 중요한 시기이다)에 꼭 휴가를 간다고 하고, 그렇게 아파 보이지도 않는데 아프다는 핑계를 대면서 조퇴를 한다고 한다.

하루아침에 두 사람의 관계는 실리를 먼저 추구하는 사이로 바뀌는 것이다. 부장은 천하무적 슈퍼맨 같은 부하 직원을 바라고, 부하 직원은 자상하고 이해심 많은 알프스 소녀 하이디 같은 상사를 바라는 관계로 바뀌는 것이다.

그렇다면 이 관계는 개선의 여지가 없는 것인가. 물론 존경하는 상사 또는 사랑스러운 부하직원과 일하는 사람도 있다. 하지만 상당수의 직장인들이 하늘 아래 이런 원수는 없다는 생각으로 직장을 다니고 있는 것이 현실이다.

여기서 우리가 생각해봐야 할 비교 관계로 '멘토(Mentor)와 멘티(Mentee)' 관계의 필요성이다. 많은 회사에서는 신입사원이 들어오면 '멘토와 멘티 제도'를 활용한다. 1대 1 담당자를 정해 식사나 대화를 통해 회사생활에 적응토록 하고 있다.

그런데 멘토를 정할 때 같은 부서가 아닌 다른 부서의 선배를 정해주는데, 이것이 훨씬 효과가 크기 때문이라고 한다. 앞서 언급한 것처럼 같은 사람이지만, 본인이 근무하는 부서의 상사 입장과 다른 부서에서 근무하는 선배의 입장은 관점이 다르기 때문이리라.

멘토(Mentor)는 개인적으로 배우고 싶은 대상을 이르는 말로 선구자, 지도자를 의미하고, 멘티(Mentee)는 조언을 받게 되는 사람이나 상담을 받는 사람을 이르는 말이다. 멘토링(Mentoring)이란 경험과 지식이 풍부한 사람이 구성원을 1대 1로 전담해 지도·조언하면서 실력과 잠재력을 개발시켜 조직에 기여토록 하거나 현재의 상황을 개선시키는 것을 말하는 것이다.

'멘토'라는 말의 어원은 그리스 신화에서 나왔는데, 고대 그리스에서 오디세우스가 트로이로 출정하며 아들 텔레마코스를 절친한 친구인 멘토에게 맡겼다고 한다. 그는 오디세우스가 돌아올 때까지 아들의 친구, 선생, 조언자, 아버지 역할을 하며 잘 돌봐주었다고 한다. 그 이후 '멘토'는 '지혜와 신뢰로 인생을 이끌어주는 지도자'라는 의미를 갖게 되었다.

이렇듯이 현재 일하고 있는 부서의 상사를 '멘토'라고 생각하고,

같이 일하고 있는 부하직원을 '멘티'라고 생각하는 발상의 전환이 필요하다. 자신의 승진과 연봉 인상, 업적 향상을 위해서 같이 근무하는 기간만 필요한 요소로 보면 절대 안 된다. 필자는 지금까지 연락하고 문안인사도 드리는 전 직장 상사가 다섯 분 정도 되는데, 존경하는 마음과 함께 '멘토'라고 생각하고 있다.

현역에서 은퇴하고 아프리카 잠비아에서 학교를 짓고 배고파하는 아이들을 돌보며 선교사업을 하고 계시는 K선배, 지방에서 블루베리 농사를 지으면서 형수님과 함께 직장생활 할 때는 바빠서 못다한 얘기를 나누며 여유로움을 찾으셨다는 P선배, 직장에서의 업무를 살려서 석사와 박사학위를 받으시고 지방의 모 대학교에서 학생들에게 IT분야의 실무를 가르치고 계시는 L선배 등 다양한 모습의 멘토 선배들을 보면서 나도 지금은 완벽한 멘토가 아니지만' 이다음에 많은 사람들에게 좋은 멘토역할을 할 수 있었으면 좋겠다'라는 바람으로 자기계발을 하고 있다.

부하 직원을 나를 위한 수단이나 요소로 생각하는가? 무엇을 가르치고 성장시켜야 하는 존재로 보는가? 상사를 경험과 경륜이 많아서 배울 점도 많고 나를 이끌어줄 선구자로 생각하는가?

관점을 바꾸어서 자신을 돌아보자. 만약 자신이 생각하기에 누구의 멘토도 아니고 멘티도 아니라면 반성하라. 멘토 또는 멘티에 해당되지 않는 사람은 없다. 다만 자신이 그 위치의 역할을 못하고 있는 것이다.

아직 누군가의 '멘토'가 아니라면 주변에 자신의 경험과 지식을 전달해서 성장시킬 수 있는 '멘티'를 찾는 것이 급선무이고, 만약 '멘티'가 아니라면 역시 주변의 선배나 저명한 분 중에 자신의 성장과 꿈을 이루기 위해서 배울 점이 많은 분을 선택해서 '멘토'로 삼아야 한다. 무인도에서 혼자 사는 것이 아닌 무수히 많은 사람들과 소통하는 우리이기에 충분히 가능하다고 생각한다.

비극의 주인공은
늘 나다

“그러니까 내 말이… 사장님이 좀 너무하신 것 같아. 징검다리 휴일 사이에 회의를 한다니 너무하지 않아? 그것도 새벽같이.”

“김 대리… 김 대리… 저기…….”

“뭐? 뭐? 아무리 생각해도 이건 악덕 기업주의 횡포라고 생각해. 으휴!”

직장인들이 복도나 휴게실에서 잠시 이런 대화를 나누고 있을 때 다음 장면은? 사장님이 뒤에 서 계시거나, 사장님의 오른팔이 있거나 김 대리와 승진 경쟁자가 엿듣고 있는 경우가 100%다.

이건 뭐 ‘머피의 법칙’도 아니고, 화장실 변기에 앉아 애인과 회사에 대한 불만을 얘기하다 보면 어느 사이 옆 칸에 상사가 버젓이 앉아서 다 듣고 있다거나, 술 먹고 한 상사의 흉을 봤는데 상사가 마침 방음이 잘 안되는 옆 룸에서 술을 마시고 있다가 어쩌면 그렇게 다 듣게 되는 것인가?

왜 사람의 눈과 귀는 두 개이고 입은 하나일까? 물론 입은 말해야 하기 때문에 하나만 있으면 되고, 눈은 사물을 입체적으로 봐야 하기 때문에 두 개이고, 귀는 소리를 입체적으로 들어야 하기 때문이라고도 할 수 있다. 그러나 사물을 볼 때 2배로 관찰하고, 무언가를 들을 때 2배로 신경 써서 잘 듣고, 대신 무엇인가를 말할 때에는 하나밖에 없는 입으로 신중하게 말하라는 의미가 있지 않을까? 유대인들의 속담에 '양쪽의 귀를 거리나 사람이 많은 방향으로 기울여라'는 말이 있는 것도 이러한 의미와 일맥상통하지 않을까 싶다.

인간에게 최초의 비극은 신과의 대립이었다고 한다. 인간은 늘 승산 없는 경기를 하고 있는 것이다. 여기에서 인간의 비극과 슬픔이 시작되었다고 한다. 이 개념이 르네상스로 접어들면서 인간 사이의 대립으로 바뀌었는데, 인간과 인간 사이에서도 강한 자와 약한 자와의 대립이나, 가진 자와 가지지 못한 자와의 대립과 반목에서 비극이 시작되었다.

이러한 인간 사이에서 비극의 결말은 어떠한가?

대부분 비극의 결말은 사람마다 비극을 받아들이는 태도와 대응방식에 따라서 결정되곤 했다. 비극을 그대로 받아들이는 사람은 비극의 희생양이 되어버리거나 죽음을 택하지만, 이를 극복하려는 사람에게는 신분 상승이나 또 하나의 좋은 기회로 다가오기도 하였다.

우리의 인생사를 가만히 살펴보면 매일 크고 작은 많은 비극이 일어나고 있다. 아침에 눈을 뜨고 TV를 켜면 바로 밤사이 발생한 많은 사건 사고가 나온다.

삶과 죽음의 기로에 선 사람들, 사랑하는 가족과 이별한 사람들, 갑작스런 사고로 무고하게 장애인이 된 사람들.

하루에도 수십 건 아니 뉴스화되지 않은 사건 사고까지 합하면 전 세계적으로 얼마나 많은 비극이 일어나고 있는 걸까? 그 비극이 비단 스쳐 지나가는 뉴스의 내용이 아니라 내가 당한 일이라면? 향후 지혜로운 대처 방법을 떠올리기에 앞서 한동안 슬픔에 발버둥 칠 것이다. 따라서 우리는 하루하루를 감사하면서 생활해야 한다.

오늘 하루도 무사히 보냈다는 점에서 감사해야 하고, 다른 사람과 논쟁이나 불화 없이 하루를 마감했다는 것에도 감사해야 한다. 저녁에 온 가족이 한자리에 모여 같이 식사를 하고, TV를 보면서 낮 동안 겪었던 일을 얘기할 수 있다는 상황에 감사해야 한다. 얼마나 많은 사람들이 갖고 싶은 가족과의 식사이고 대화시간이겠는가?

가수 한대수의 '행복의 나라로'라는 노래가 있다. 그 가사를 살펴보면 우리가 어떤 마음으로 생활해야 하는지 잘 알 수 있다.

장막을 걷어라

너의 좁은 눈으로 이 세상을 떠보자

창문을 열어라

춤추는 산들바람을 한 번 더 느껴보자

가벼운 풀밭 위로 나를 걷게 해주세

봄과 새들의 소리 듣고 싶소

울고 웃고 싶소

내 마음을 만져 주

나는 행복의 나라로 갈 테야

접어드는 초저녁 누워 공상에 들어 생각에 도취했소

벽의 작은 창가로 흘러드는 산뜻한 노는 아이들 소리

아아 나는 살겠소

나의 '행복의 나라'는 어디에 있을까? 먼 곳에 있지 않고 바로 우리가 살아가는 인생 자체가 행복이고, 이 공간과 시간이 모두 행복의 요소라고 생각하면서 생활하자. 모든 것에 감사하고 모든 것에 순종하자. 내 주위의 모든 이들이 나의 행복을 위해 존재한다는 생각을 하면서 감사하는 여유로운 마음을 가져보자.

행복(happiness)에 대한 가장 인기 있는 정의는 '주관적 안녕감(subjective well-being)'이다. 안녕(安寧)이란 평안하다는 의미인데, 즐겁다기보다는 오히려 특별한 사건이 없는 편안한 상태를 일컫는다. 많은 사람들과 관계를 맺고, 바쁘게 사는 현대인들이 이러한 편안한 상태를 느끼기는 쉽지 않으리라.

여기 행복에 관한 흥미로운 실험이 있다. 일본 학생들과 미국 학생들에게 불시에 전화를 걸어 '언제 행복하냐'고 질문을 던졌다고 한다. 일본 학생들은 친구와 함께 있을 때 행복하다고 했고, 미국 학생들은 무언가를 이루거나 성취했을 때 행복하다고 했다고 한다. 같은 학생이고, 비슷한 또래라고 하더라도 이렇게 생각하는 행복이 다르다.

그럼 이 글을 읽고 있는 독자 여러분은 언제 행복을 느끼는가? 맛

있는 음식을 먹었을 때? 좋은 음악을 들으며 커피나 차를 한잔 마실 때? 주말에 늦게까지 늦잠을 잘 때?

우리의 삶 속에 이미 다양한 형태의 행복이 있다. 거기에서 누가 더 행복을 많이 느끼냐는 각자 마음에 달려 있는 것이다. 남과 비교하기를 멈추고 작은 휴식과 여유로 행복을 스스로 만드는 자세가 필요한 요즘이다.

배신은 사랑에서만 일어나는 것이 아니다

직장에서 배신당한 적이 있는가?

"배신이라고 하기는 좀 그렇고요. 뒤통수를 맞아본 적은 있지요. 그렇게 하지 않기로 해놓고."

"저도 동료의 모함으로 사유서를 쓴 적이 있어요. 그 친구는 오해라고 하는데 결론은 제가 사유서를 썼다는 거지요. 아주 불쾌했어요."

여러 가지 이유와 오해로 직장동료 간에 등을 돌리는 경우가 많다. 직장동료가 아니라 하더라도 최소한 서너 개 이상의 커뮤니티나 모임에 가입해서 활동을 한다는 직장인들의 경우, 지인의 말이나 행동 때문에 난처한 경험이 한두 번은 있으리라.

크리에이티브 그룹이 실시한 전국 조사에서 홍보 담당 중역들의 절반가량이 전 현직장에서 과거에 직무상 음해를 당한 경험이 있다고 한다. 다른 분야에서도 결과는 같았다. 최근 한 온라인 여론 조사에서 "작년에 동료가 당신을 음해하거나 업무방해를 한 사실이 있는가?"라는 질문에 응답자의 4분의 3이 "그렇다"라고 답변했다. 그만큼 직장생활을 하는데 인간관계 문제가 차지하는 비율은 크다.

직장 내 왕따 문제를 연구하는 한 연구소의 이사인 게리 네이미 박사는 동료들의 개인 혹은 단체 따돌림이나 말 바꿈, 배신을 다양한 방법으로 해석한다.

"업무방해는 모든 조직에서 일어나고 있지만, 몇 가지는 특정 산업에서 나타나기도 합니다. 전문직종에서는 조직이나 팀의 공동 업무에서 은근 슬쩍 빠지면서 소극적인 형태를 취합니다. 의료 분야를 예로 들면, 노련한 경험자가 주요 정보를 주지 않으면 신참 직원은 골탕을 먹고 피해는 환자에게 돌아가지요."

직장 내 동료 간의 배신이나 피해주기가 심각한 결과를 초래할 수도 있다는 얘기다.

동료 간의 업무방해에 대한 형태는 다양한 방법으로 이루어진다고 한다.

헐뜯기   동료를 평가절하하거나 험담, 비방하는 직원

새치기   동료의 아이디어를 도용하거나, 성공한 프로젝트는 자기 공으로 돌리는 직원

책임전가   일이 잘못되면 동료에게 원인과 책임을 씌우는 직원

허위날조	거짓말이나 유언비어로 동료의 업적이나 평판에 흠집을 내는 직원
책임회피	책임을 미리 회피하고 일 자체를 동료에게 떠넘기는 직원
악덕상사	자신의 부족한 자질이나 재능이 비교가 돼 똑똑한 직원을 좌천시켜버리거나 해고해 버리는 직원

이처럼 다양한 방법과 형태로 직장 내에서 혹은 조직 내에서 배신이나 피해주기가 이루어지고 있는 것이다.

한 전문기관이 실시한 2007년도 조사는 직장 내 음해가 훨씬 더 심각한 결과를 보여준다. 밝혀진 직장 내 음해의 62%는 상사의 처리 미숙이나 수수방관으로 사태가 더 악화된 경우였다. 상사의 부주의나 어설픈 조치가 직장동료 간의 배신이나 따돌림, 조직의 와해로까지 이어지는 불상사가 발생할 수도 있다는 점을 기억해야 한다.

크리에이티브 그룹의 전무이사 메간 슬라빈스키는 인터뷰에서 이렇게 이야기했다.

"만만한 봉이 되고 싶은 사람은 없겠지만, 그렇다고 과민 반응도 금물입니다."

공자님 같은 얘기는 하고 싶지 않지만, 자신을 배신한 직원에게만 책임을 전가하지 말고 그 근본적인 원인이 나에게 없나를 생각해 봐야 한다. 내가 먼저 그 직원의 그러한 행동에 원인을 제공하지 않았을까? 좋은 관계에서 내가 오해를 불러일으킬 만한 언행을 하지는 않았을까?

만약에 추호라도 그러한 의심이 갈 만한 기억이 있다면 그 직원에게 허심탄회(虛心坦懷)하게 털어놓고 대화의 시간을 갖도록 하자. 동료 간의 오해는 한시라도 빨리 풀어버리는 것이 좋다. 아울러 직장 내 혹은 외부라도 자문을 구할 만한 조언자를 찾는 것도 하나의 방법이다. 아무래도 객관적으로 상황을 바라보면 내가 미처 생각하지 못했던 부분을 찾을 수 있을 것이다.

만약 자신이 먼저 원인을 제공한 기억이 도저히 생각나지 않는다면 동료의 배신에 대항하기 전에 먼저 자신이 입은 피해의 형태를 분석해 봐야 한다. 즉, 현재의 상황에 대해 충분히 인식하고 있고 대처 준비를 하고 있다는 모습을 배신한 동료에게 보여주는 것이다. 맞대응을 하거나 복수를 하자는 것이 아니고 상대방으로 하여금 그러한 행동을 중단하게 하는 결과를 가져올 수 있기 때문이다.

만약에 동료의 배신이나 왕따로 피해를 입은 것이 확실하다면, 다음과 같은 방법으로 대처하는 것이 바람직하다. 우선 직장이나 조직 내에서 내 편을 만들어 놓는 것이 좋다. 가족 외에 현재의 상황을 함께 공유하고 진행상황에 대해서 편하게 의논할 수 있는 조언가 내지는 내 편을 만들어두자. 혼자서 외롭게 싸우는 건 영화의 주인공에게나 어울리는 시나리오이다. 한 명이라도 아군을 늘리는 것이 그만큼 빨리 상황을 벗어나는 지름길이라는 것을 명심하자.

또한 개인적인 생각과 행동은 금물이다. 즉 사적인 면을 부각시킬 필요는 없다는 의미이다. 이번 일로 자신이 입은 정신적인 피해나 개인적인 시간, 금전적인 손해를 부각시키기보다는 조직에 어떠한 부분이 마이너스로 작용되었는지를 알리는 것이 좋다.

동료의 배신이 불러올 단점에 대해 주도면밀하고 논리정연하게 언급하고, 절대로 감정적으로 대처한다는 모습을 보이면 안 된다. 아울러 궁극적으로 원인은 밝혀지게 되기 때문에 조급한 마음에 실수를 해서는 안 된다. 의연하고 차분하게 대처하는 모습에서 진정성을 보이면 그만이다.

에크하르트 톨레는 『지금 이 순간을 살아라』라는 저서에서 이렇게 얘기한다.

"대부분의 사람은 현재의 순간을 극복해야 하는 장애물로 생각한다. 현재의 순간이야말로 삶 그 자체이다. 따라서 현재의 순간을 극복해야 하는 장애물로 여기는 것처럼 미친 것은 없다."

지금 상황을 그대로 받아들이면서 삶에 녹이는 원숙미를 갖도록 하자.

딱 10년만
시간을 되돌리고 싶다

사람이 살아가다 보면 딱 10년만 뒤로 돌아갔으면 하는 때가 많다. 필자의 나이도 40대를 훌쩍 넘겼으니 10년 전으로 돌아가면 30대였을 것이고, 무엇을 하더라도 두렵지 않을 나이라고 아쉬워했을 것이다.

하지만 과연 지금 시대를 살아가는 대한민국의 30대들은 자신들이 무엇을 해도 두렵지 않을 나이라는 것을 알고 있을까? 그들은 20대를 보면서 정말 대한민국의 통일이라도 시킬 수 있는 나이라고 떠들어댈 것이다.

이번에는 관점을 아래에서 위로 올려봐서 생각해보자. 현재 50대들은 필자를 보면서 한창일 때라 어떤 공부를 하거나 어떤 시도를 해도 성공할 수 있을 거라고 얘기한다. 그럼 60대나 70대들은? 50대를 보면서 아직 젊은데 뭐가 걱정이냐며 핀잔을 줄 것이고, 현재 나이에 대한 두려움과 무기력함을 아쉬워할 것이다. 지금부터 10년을 앞으로 시간을 돌려도 늘 똑같은 생각을 하면서 시간을 허비하고 있을 것이다.

고등학교 학창시절을 생각해보자. 철저하게 준비하지 못한 기말

고사가 벌써 다음 주로 다가왔다. 하루에 한 과목씩 벼락치기로 공부할 시간밖에 없었다. 그런데 당시 교무실에 도둑이 들어 시험문제가 유출되지는 않았지만, 행여 베껴가거나 사진으로 찍어갔을 수도 있다고 하여 기말고사 시험이 일주일이나 연기된 적이 있었다.

그날은 여유가 생겼다는 것이 기뻤다. 친구들과 의기투합을 하여 떡볶이를 먹고 정신없이 놀았다. 그럼, 그 다음날은? 그리고 또 그 다음날은? 가만히 돌이켜보면 기말고사가 연기되었다고 일주일 동안 미진한 부분을 차분하게 공부하면서 준비했던 것이 아니라, 오히려 기존에 그나마 공부해 두었던 것조차 까먹어서 성적이 나쁘게 나왔던 걸로 기억한다.

인생도 마찬가지이다. 시간을 10년 전으로 돌린다면 과연 무엇이라도 할 수 있을까? 남북통일을 이루고, 사법시험이라도 준비해서 법조인으로서 새로운 삶을 만들 수 있을까? 필자는 솔직히 의심스러운 마음이 훨씬 크다. 물론 소수는 정말 굳은 각오로 다시 준비해서 새로운 삶을 만들 수도 있을 것이다. 하지만 대부분의 사람들은 지금까지 지내왔던 10년이라는 시간과 별반 다를 바 없이 똑같은 삶을 살지 않을까 싶다.

세계적인 자기계발의 구루 켄 블랜차드는 그의 저서 『당신도 인생의 리더가 될 수 있다』에서 이렇게 얘기했다.

"자신의 한창때란 바로 그때 그 순간에 자신의 모든 것을 쏟아 집중하던 시간을 의미한다. 만일 과거나 미래에만 머문다면 우리는 현재의 중요성을 놓치게 된다."

그만큼 현재의 의미와 지금(NOW)의 소중함을 일깨우는 얘기라고 할 수 있다.

스펜서 존슨은 세계적인 베스트셀러인 저서 『선물(원제 : The Present)』에서도 '현재'에 대해 많은 교훈을 주고 있다. 이 책은 한 소년이 성인으로 성장하면서 위대한 노인이 들려주는 신비스러운 이야기를 바탕으로 '세상에서 가장 소중한 선물'을 찾아가는 과정을 그리고 있다. 세상에서 가장 소중한 선물(Present), 즉 현재에 대해 일깨워 주는데 누구나 미래의 성공과 희망, 꿈을 지향하지만 그 근원은 바로 현재에 있다는 것을 알려준다.

귀중한 시간을 사용하는 3가지 방법은 '현재에 살기, 과거에서 배우기, 미래를 계획하기'이다. 소년이 나중에 발견한 소중한 것은 다름 아닌 '현재'라는 선물이었다. 삶의 안내자 역할을 했던 노인은 세상을 떠났지만, 그의 일생과 죽음은 이제 장년이 된 소년에게 마지막 교훈을 남겨주었다. 어느덧 소년은 그렇게 의지했던 노인과 닮아 있는 자신을 발견하고, 노인이 그랬던 것처럼 주위의 다른 이들을 행복하고 성공적인 삶으로 안내한다.

스펜서 존슨에게 배운 교훈을 정리해 보도록 하자. 인생의 첫 번째 성공이란 그게 무엇이든 당신이 중요하게 여기는 것을 향해 나아가는 것이다. 두 번째 성공은 세상에서 가장 소중한 선물(귀중한 시간을 사용하는 3가지 방법)을 발견하는 것이다.

1. 행복과 성공을 간절히 바란다면 현재에 살기

- 바로 지금 일어나는 것에 집중하라.
- 소명을 가지고 살면서 바로 지금 중요한 것에 관심을 쏟아라.

2. 과거보다 나은 현재를 원한다면 과거에서 배우기

- 과거에 일어났던 일을 돌아보라.
- 그것에서 소중한 교훈을 배워라.

• 지금부터는 다르게 행동하라.

3. 현재보다 나은 미래를 원한다면 미래를 계획하기

• 멋진 미래의 모습을 마음속으로 그려라.

• 그것이 실현되도록 계획을 세워라.

• 지금 계획을 행동으로 옮겨라.

현재는 과거에서부터 와서 미래로 가는 가장 중요한 징검다리
이다. 시간은 과거에서 시작해 현재를 거쳐 미래로 가기 때문이다.

모든 사람들은 미래지향적으로 살고 있다. 보다 나은 미래를 위해서 과거를 살았고 현재를 살고 있는데, 이 현재를 잘못 활용하면 미래는 참담한 모습으로 우리에게 다가올 것이다.

중국 송(宋)나라 때 불서(佛書)『벽암록(碧巖錄)』에 있는 다음 글을 크게 써서 벽에 붙여놓거나 사진으로 찍어 휴대전화 바탕화면에 저장해 놓는 건 어떨까?

> 어제는 지나간 오늘이요,
> 내일은 다가오는 오늘이다.
> 그러므로 오늘 하루하루를
> 이 삶의 전부로 느끼며 살아야 한다.
>
> — 「벽암록(碧巖錄)」

2장

방황하다

직장,
때려치우고 싶다

01

"나 대출계원 다시 해야 할 것 같아. 지점에 가면 평사원이 없어. 다 책임자급이지."

"가늘고 길게 가는 것이 모든 직장인들의 꿈 아니겠냐? 짧고 굵게? 무슨 해병대 전쟁영화 찍냐? 끝까지 버티는 거야."

얼마 전 지난 1990년도에 함께 입사했던 은행 동기들을 만났다. 세 명의 입사 동기와 함께 식사를 하면서 많은 대화를 나누었는데, 직장생활에 대한 일정 부분 체념 내지는 끝까지 버티겠다는 굳은 각오(?)들을 하고 있었다.

필자가 2006년에 그만두었으니 벌써 횟수로 7년여 시간이 흘렀는데, 그 기간은 참으로 많은 변화를 안겨준 듯싶다. 그래도 은행 생활 20년이 훌쩍 넘겨버린 동기들이기에 다들 근무하는 지점이나 부서에서 한 자리씩 차지하고 조직관리와 큰 그림을 그리고 있을 줄 알았는데, 전혀 그렇지 않은 모습에 쓸쓸함을 안고 헤어졌던 기억이 난다.

"당연히 그만두고 싶지. 그런데 뭐 할게 있어야지. 다른 회사? 우리 나이에 누가 우리를 받아주냐? 장사? 사업? 4대 보험료 내주고 아이들 학자금 내주는 것만 해도 어딘데. 끝까지 버텨야 해. 절대로 아파도 안 되지.”

어느 사이 대부분의 직장인들의 회사에 다니는 기본 마인드가 이렇게 바뀌게 된 원인은 무엇일까? 이미 비전을 제시해 주지 못해서라고 이야기했지만, 못내 아쉬워 다시 한 번 화두를 던지는 것은 그만큼 주위에 이런 고민을 하고 있는 직장인들이 많기 때문이다.

아니 고민을 하고 있으면 그나마 다행이고 아예 체념 상태인 직장인들이 더 많은 것 같다. 그러다 보니 새로운 분야나 도전에 대해서는 아예 생각도 안 하고 있고, 무기력함으로 하루하루 버티기에 급급하다.

그나마 입사 초기에 비전이나 적응에 실패하여 고민하다가 퇴사하면 하루라도 빨리 다른 진로를 준비하고 대응하겠지만, 마흔이 훌쩍 넘어서 아이들이 중학교와 초등학교에 다니고 있는 상황에서는 감히 엄두를 내지 못하는 것이다.

취업포털 커리어가 상반기 채용을 진행한 각 기업의 인사담당자 188명을 대상으로 조사한 설문과 답변을 보면 이러한 여실히 알 수 있다. 무려 67%의 기업에서 2011년 상반기에 입사한 신입사원 중에서 퇴사자가 있었다는 답변을 했다.

입사 3개월 안에 그만두는 조기 퇴사자들의 비율은 계속 늘어나고 있는 추세인데, 72.5%의 중소기업과 벤처기업에서 퇴사자가 있었고, 대기업에서는 19.8%, 외국계 기업에서는 4.6%의 비율로 조기 퇴사자가 있었다고 한다.

이 비율은 나이가 들고 점차 회사에 적응을 하면서 줄어들기 시작해서 40세 이후에는 현격하게 줄어든다. 회사에서 명예퇴직이나 자발적 퇴직을 권고하지 않는 한 절대로 다른 회사로 이직을 하지 않는다는 것이다. 회사가 정말 마음에 들고 회사에 대한 애정이 많아서가 아니라, 회사를 때려치우고 싶은 마음은 굴뚝같지만 마땅한 대안이 없어서라는 것이 문제이다.

필자가 기업체나 공기업에서 강의할 때 꼭 하는 멘트가 있다.

첫째가 대한민국 남자로서 최고의 재테크는 바로 '현업에 충실하기(즉, 잘리지 않기)'이다. 현재 근무하는 회사에서 정년퇴직까지 근무하는 것이 재테크의 1순위라는 것인데, 모든 직장인들이 이 대목에서 수긍을 하고 고개를 끄덕거린다.

둘째가 건강하기, 셋째가 배우자에게 잘하기다.

대한민국 이혼 가정의 황혼이혼 문제가 심각하게 대두되고 있는데, 얼마 전 서울시가 발표한 '2011년 서울 서베이' 자료를 보면 서울 부부의 전체 이혼 중 결혼생활 20년 이상된 황혼이혼 비중은 1991년 7.6%에서 2011년 27.7%로 3배 정도 늘었고, 결혼 4년 이하 신혼이혼의 비중은 1991년 35.6%에서 2011년 24.7%로 꾸준히 줄어 2010년부터는 황혼이혼이 신혼이혼을 앞질렀다고 한다.

따라서 평균 수명이 8년 이상 긴 배우자에게 잘해서 황혼이혼을 막아보자는 의미로 언급했다. 그런데 재미있는 것은 이러한 이야기에 대한민국의 많은 남성 직장인들이 절대적으로 수긍하는 태도를 보인다는 것이다.

이런 모습에서 알 수 있는 것은 그들 자신도 그러한 부분을 인지하고 있고 그 심각성을 느끼고 있다는 것인데, 직장에서 '오래 근무하기'와 '건강하기'와 더불어 '배우자에게 잘하기'라는 지상과제를 우리가 다시 한 번 곱씹어봐야 할 것이다.

마지막으로 필자가 주장하는 '남자 재테크'의 또 하나의 방법은 최소 75세까지는 일할 수 있는 제2의 직업을 준비하자는 것이다. 이는 첫 번째 방법인 현업에 충실하기와 더불어 직장과 일에 대한 새로운 개념정립이 필요한 사항이다.

우리는 주변에서 50대 중반까지 다니던 직장에서 자의든 타의든 그만두게 되어 하릴없이 시간을 보내고 방황하는 우리 시대의 가장들을 많이 봐왔다. 평일 낮에 남산도서관에 가면 그들이 앉아 있고, 지하철 역사나 청계산이나 관악산에 가면 쉽게 볼 수 있다. 그들을 보면서 과연 우리가 지금 근무하는 직장을 때려치울까 고민하는 것도 행복한 소리라고 단정하는 것이 잘못된 일일까?

옛 고사성어에 '처렴상정(處染常淨)'이라는 표현이 있다. 이는 '더러운 곳에 처해 있더라도 때 묻거나 물들지 않는다'는 의미이다. 살다보면 때로는 보지 말아야 될 것도 보게 되고, 듣기 거북한 말을 들을 때도 있고, 때로는 좋은 일도 나쁜 일도 일어난다. 하지만 어디에 있든 주변에 물들지 않고 깨끗한 마음으로 자신의 일에 보람을 느끼고 희망과 꿈을 나눈다면, 청정한 마음이 밝은 미래로 이끌 것이다.

직장생활이나 사회생활도 마찬가지이다. 근무하는 직장에 정말 크나큰 애정을 느끼면서 근무하는 직장인들은 많지 않다. 하지만 어느 직장이든지 설립 이후 그 정도까지 성장하고 발전했으면 우리가 아직 발견하지 못한 노하우나 이력이 있을 것이다. 그러한 부분을 잘 모르는 상태에서 자신이 근무하는 회사임에도 성급하게 부정적으로 판단하거나 미래를 암울하게 생각할 필요는 없을 것이다.

입사를 하기 위해 필기시험을 보고 면접을 보게 되면 가장 많이 받는 질문은 '이 회사에 왜 지원하게 되었는가?'라는 입사동기에 대한 질문이다. 이때 자신이 어떤 답변을 했는지 가만히 생각해보자. 자신이 입사하기 위해 면접시험을 보는 사람이 부정적으로 답변하지는 않았을 것이다. 긍정적이고 희망적인 그리고 미래지향적인 답변을 했기에 입사시험에 당당하게 통과하지 않았을까?

꽃 중에 '연꽃'이라고 있다. 아시아 남부와 오스트레일리아 북부가 원산지로 흙 속에서 자라면서도 청결하고 고귀한 식물로, 여러 나라 사람들에게 친근감을 주는 식물이다. 연못에서 자라고 논

밭에서 재배하기도 하는데, 잎은 뿌리줄기에서 나와 높이 1~2m로 자란 잎자루 끝에 달리고 둥글다.

잎은 수렴제·지혈제로 사용하거나 민간에서 오줌싸개 치료에 이용하고, 땅속줄기는 연근(蓮根)이라고 하며, 비타민과 미네랄의 함량이 비교적 높아 생채나 그 밖의 요리에 많이 이용한다. 뿌리줄기와 열매는 약용으로 하고 부인병에 쓴다고 하는데, 이 연꽃의 꽃말이 바로 '소원해진 사랑'이라고 한다.

즉 '멀어진 사랑'이라는 의미인데, 시간이 지나면서 어떤 사람에 대한 혹은 사물에 대한 사랑과 열정이 식어감을 아쉬워한다는 의미이다.

'첫사랑' 하면 무엇이 떠오르는가? 학창 시절 가만히 생각해 보면 누구나 첫사랑의 추억은 있을 것이다. 그 사람에 대한 생각으로 머릿속이 꽉 차 있고 어떤 표정을 지어도 어떤 모습을 보여도 그저 좋게만 보이고 웃음만 나오게 만드는 것. 바로 첫사랑이라고 하는데 인생도 첫사랑의 마음을 얼마나 오래 간직하느냐에 따라 그 모습이 달라지게 된다.

학교를 졸업하고 회사에 들어갔을 때가 가장 인생에서 설레는 때다. 시간이 지날수록 그 마음이 점점 희석되어서 나중에는 좌절과 실망으로 변하다가 끝내는 체념으로 바뀌는 경우가 많다.

최근에 국내에서 크게 관심을 모았던 〈건축학개론〉이라는 영화는 첫사랑에 대한 아련함을 너무도 애잔하게 담아내 많은 사람들에게 회자되기도 했다.

많은 제작비를 투자한 것도 아니다. 평범해 보였던 영화가 그렇게 많은 사람들이 좋아하고 눈물을 훔쳤던 점을 보면 그만큼 우리에게 '첫사랑'에 대한 애틋함은 살아있다고 생각된다.

그 애틋함을 다시 살려 보도록 하자. 신입사원 면접 때의 마음을 기억해내도록 하자. 늘어진 어깨의 중년의 모습이 아닌 어깨를 쫙 펴고 반듯하게 앉아서 어떤 질문이라도 자신감 있게 대답하겠다는 적극적인 신입사원 때의 모습을 기억하자.

조정민 목사님의 저서 『사람이 행복이다』라는 책에는 이런 말이 있다.

돈이 없어서 행복하지 않습니다.

그러나 돈이 있다고 행복하지도 않습니다.

병들어서 행복하지 않습니다.

그러나 건강하다고 행복하지 않습니다.

무명이어서 행복하지 않습니다.

그러나 유명하다고 행복하지 않습니다.

행복은 조건이 아닙니다.

그렇다. 행복은 무엇을 계산하고 재보는 조건이 아니다. 그저 코밑에 있는 행복을 누가 먼저 찾아내느냐가 관건이고 '나는 혜택을 받은 사람이다'라는 생각으로 신 나게 인생을 살아가면 그만이다.

하루하루 아침에 떠오르는 해를 보면서 양복의 깃을 다시 세우는 신입사원의 그 발랄함과 패기 넘치는 행복감을 우리 모두 잊지 말아야겠다.

자신이 근무하는 직장을 '도량'이라고 생각하고, 직장생활을 '도'를 닦는 과정이라고 생각해보자. 도량이란 도를 닦는 장소이며, 도가 있는 곳(절)을 말한다. 도는 불도(佛道)를 말하고, 최초의 불도 장소는 부처님이 성도한 곳이다.

『화엄경』에서는 도량을 '깨끗한 마음'이라고 하고 있다.

"일념정심(一念淨心)하면 그것이 도량이다."

즉, 근무하는 회사를 도량이라고 생각하고, 정신과 맑은 마음을 해치는 장소라기보다는 오히려 나의 마음과 정신을 가다듬게 하는 좋은 수련장이라고 생각하자.

우리는 행복한 삶을 꿈꾸지만 스스로 고통스럽게 만든다. 일하면서 행복하다면 얼마나 좋을까? 월요일 아침에 기쁜 마음, 행복한 마음으로 눈을 떠서 출근하고 하루 회사생활을 시작하는 사람이 몇 명이나 될까?

우리는 오늘 하루도 수련하기 위해서 도량으로 가는 것이다. 거기에는 나의 스승들과 후배들이 있다. 하루라도 빨리 그만두고 싶다는 마음이 머릿속에 가득한 사람과 나의 감정과 마음을 숨겨둔 채 웃으면서 많은 이들과 관계를 넓혀나가며 도량을 키워나가는 사람 중에 과연 누가 성공의 열매를 만들 수 있을까? 직장을 때려치우고 싶은가? 그보다 더 나은 도량은 없다는 것을 왜 모르는가?

이유 있는
무능력의 함정

보험영업을 하는 40대 초반의 김준환 팀장은 이번 달 마감에 큰 만족감이 들었다. 몇 개월째 공을 들인 고객이 드디어 종신보험과 저축성 보험에 가입을 했는데 월 납입 보험료가 꽤 크기 때문이다.

하지만 마감일 오후 5시가 넘어서 준환 씨는 고개를 떨어뜨리고 말았다. 한 달 내내 자신보다 실적이 저조했던 김의봉 팀장이 마감 날 자신의 실적보다 3배나 많은 금액의 보험을 계약한 것이다. 이번 달에는 그래도 입사동기인 김의봉 팀장보다 더 나은 실적을 거둘 것으로 기대했지만, 역시 막판에 뒤집히면서 이번 달에도 상대적으로 뒤처졌다는 기분을 지울 수 없었다.

사회생활을 하면서 우리는 많은 경쟁을 하게 된다. 졸업과 더불어 성적 경쟁이 끝났다고 마음 놓을 새도 없이 조직에서 치열한 생존경쟁이 시작되는 것이다. 남들보다 뒤처지면 여지없이 긴급 회의소집이나 공고를 통해 압박이 다가온다. 매월, 매분기, 매년 실적에 따라서 연봉이 달라지고 승진이 달라지니, 피해갈 수도 없는 경쟁은 손이나 발에 만들어지는 굳은살만큼이나 자연스러워진다. 이러한 경쟁에서 생겨나는 정신적인 결과로 자신을 무능력하다고 느끼게 된다.

'나는 왜 이 정도밖에 못하지? 저 친구는 열심히 하지도 않은 것 같은데 나보다 훨씬 실적이 높네. 아무리 열심히 해도 저 친구의 아이디어와 추진력은 내가 따라갈 수 없어. 난 정말 무능력한가 봐.'

하지만 학계에서는 개인적인 무능력의 원인을 개인보다는 조직이나 환경에서 발생하는 것으로 여기고 있는 부분도 있다고 본다. 이를 '피터의 원리(The Peter Principle)'라고 한다. 컬럼비아대학교 교수였던 로렌스 피터(Laurence J. Peter)와 작가인 레이몬드 헐(Ramond Hull)이 1969년 공저한 책 『피터의 원리(The Peter Principle)』에서 '승진을 무능력을 향한 질주'라고 표현했다.

무능력, 무책임으로 인해 많은 사람들이 불편을 겪고 있으며 사회적으로도 많은 비용이 발생되고 있다. 하지만 이러한 무능력은 사라지지 않고 있으며, 오히려 무능한 사람들이 계속 승진하고 성공하는 모순이 발생하고 있다는 것이다.

대부분 사람들이 무능과 유능은 개인의 역량에 달려있다고 생각하기 쉬우나, 로렌스 피터와 레이몬드 헐은 무능이 개인보다는 위계조직의 메커니즘에서 발생한다고 주장하였다. 이들은 수백 건에 달하는 무능력 사례를 분석한 뒤 그 원인을 해명한 피터의 원리를 발표하였는데, 이들이 제시한 원리의 핵심은 '조직체에서 모든 종업원들은 자신의 무능력이 드러날 때까지 승진하려는 경향을 보인다'는 것이다.

즉, 위계조직 내의 구성원들은 한 번 또는 두 번의 승진을 통해 자신이 능력을 발휘할 수 있는 상위 직책을 맡게 된다. 그리고 승진된 직책에서 능력을 발휘하면 다시 상위 직급으로 승진할 기회를 잡게 된다. 따라서 모든 개인들은 자신의 무능력이 드러나는 단계까지 승진하게 되고, 시간이 지남에 따라 모든 직위는 그 업무를 수행하는 데 필요한 능력을 연마하지 않은 구성원들에 의해 채워지는 경향을 갖는다는 것이다.

자신의 능력을 넘어서는 지위까지 승진하게 되면 그 사람은 그것이 자신의 최종 직위임을 직감적으로 알게 되지만, 그들은 자신의 무능력을 인정하지 않으려 한다. 현재의 무능력은 자기가 게을러진 탓이라고 생각하게 되고 그들은 더 열심히 일함으로써 새로운 직위에 따른 어려움을 극복하고자 점심시간에도 일을 하고 일거리를 집에 가지고 가기도 한다.

또한 자신의 무능을 감추려고 다양한 시도를 한다. 어떤 이가 무능의 한계에 도달했을 때 보이는 증상들은 책상을 깨끗하게 정리해야 안심하는 종이공포증, 반대로 서류를 산처럼 쌓아놓는 문서

중독증, 책상기피증, 전화중독증, 도표집착증, 아무 의미 없이 말만 길게 하는 만연체 증상 등 다양한 모습으로 나타난다고 한다.

피터의 원리는 구체적 상황별로 수많은 파생원리를 양산했는데, 위계조직 내 사원들이 단지 승진한 사람들에 대한 부러움을 숨기기 위해 무능력을 들먹이는 것이라는 '피터의 역설', 직장 위계조직에서 무능력의 한계에 도달한 사람이 앞길을 막고 있다면 장애가 없는 곳으로 옮겨야 한다는 '피터의 우회' 등이 있다.

이러한 피터의 원리에 근거한 조직생활은 적당히 승진하는 것이 바람직하고, 적당한 자리에서 자신의 능력을 최대한 발휘해야 사회적으로도 조직적으로도 발전하는 근간이 된다고 생각한다. 따라서 자신이 만약 무능력하다고 생각된다면 다시 초심으로 돌아가서 신입사원, 대리, 과장 등 과거 가졌던 직장생활에서의 마인드와 습관을 되돌려 보는 것도 좋은 방법이다. 만약 영업을 한다면 처음에 해당 업종에 투신했을 때의 마인드를 다시 돌이켜봐야 하겠다.

가끔 직위를 없앤 회사의 사례를 매스컴을 통해 보게 된다. 모든 직원들의 대리, 과장, 부장의 호칭을 없애고, 그냥 ○○님으로 부르는 것인데 이러한 조직의 성공사례가 바로 '피터의 원리'를 감안한 조치라고 할 수도 있다.

　‘피터의 원리’를 깨뜨릴 수는 없을까? 현재의 직위에서 더 승진을 하고 싶은데 능력이 안 되어서 그대로 머물게 된다면 직장생활에서 비전이나 희망은 사라지게 되기 때문이다.

　특히 최근에는 ‘직급 정년제’라고 해서 특정한 직급에서 일정 기간 동안 승진을 못하면 회사를 자동적으로 그만두는 제도가 군대와 경찰조직에서 시행되고 있는데 ‘직급 정년제’는 정년의 보장이 사기업보다 더 강한 공공기관, 공기업, 협회, 공사 등을 중심으로 도입되고 있다.

　‘직급 정년제’는 조직에 긴장감을 부여하고 조직 활성화에 기여하며 경직되고 적체되어 있는 인사의 정체 해소에도 도움이 되는 장점이 있다. 하지만 조직 구성원들의 사기 저하 및 근무의욕 저하와 승진기회 감소로 조직활성화에도 마이너스 요소로 작용할 수 있기 때문에 시행에 신중을 기하는 것이 좋다.

　현장의 분위기를 감안하고 실제 미리미리 준비하는 꾸준한 자기계발을 통해서 자신의 능력을 키우도록 하자.

　물론 쉽지 않은 얘기지만 ‘피터의 원리’라는 개념을 모르고 밀어붙이기보다는 현실을 인정하면서 겸손한 자세로 차분하게 자신의 부족한 부분을 채워 나가는 준비와 자세가 필요하겠다.

'무능력'이라는 표현은 아예 능력이 없다는 것이기에 적절하지 못한 표현이다. 이를 다른 표현으로 '현재의 지위에서 능력이 조금 모자람'으로 바꾸고, 그 조금 모자란 능력을 자신의 비전 노트에 적어 놓고 미리미리 준비해 나간다면 충분히 '피터의 원리'를 극복할 또 다른 능력을 발휘할 수 있지 않을까?

만사가 다 귀찮고
내려놓고 싶다

"만사가 귀찮고 다 내려놓고 싶다? 맞아. 지금 내가 딱 그래!"

앞 제목을 보고 이렇게 무릎을 치고 동감하는 독자들이 많으리라 생각된다.

직장생활을 하면서 받는 스트레스 때문에 이런 생각을 한 번쯤 안 해본 독자는 없으리라. 주말에 좀 쉬려고 맘을 먹으면 집안 행사에 시간은 어쩜 그렇게 총알같이 지나가고, 퇴근 이후에는 집에 가서 씻고 옷 갈아입고 TV프로그램 하나 봤나? 어쨌나? 하면 밤 12시가 훌쩍 넘는다.

무엇을 집중해서 하려고 해도 도무지 시간이 안 나는데, 회사일은 산더미처럼 쌓이고 '그냥 만사가 귀찮고 모두 내려놓고 싶다'라는 생각을 하게 된다. 하지만 이러한 마음을 모두 잊게 만드는 것이 있으니, 그것은 바로 사랑하는 가족과 자신의 미래를 계획하고 해낼 수 있다는 희망이다.

질문 하나를 하고 싶다. 자신에게 인생의 지침이 되고 살아가는 원동력이 되는 좌우명은 있는가? 아니면 생활신조는 있는가?

얼마 전 모 중견기업의 신입사원들 60여명의 교육을 하러 갔다가 꿈이 무엇이냐는 질문을 던진 적이 있다. 하지만 그 누구도 자

신 있게 손을 들고 자신의 꿈을 이야기하는 신입사원은 없고 정적
이 흘러 필자가 다른 주제로 급히 넘어가야 했다.

아이들만 '과학자가 되고 싶다', '대통령이 되고 싶다'라는 꿈을
꿀 수 있다고 생각하면 당신은 큰 오해를 하고 있는 것이다. '꿈'이
라는 것은 단순히 무엇이 되고 싶다라는 표현으로 정의하기에는
그 범위가 무한히 넓다. 그냥 어떻게 살고 싶고, 어떤 것을 배우고
싶고, 어디를 가고 싶다라는 것도 하나의 꿈이 아닐까?

단순히 남에게 아쉬운 소리 안 하고 나쁜 짓 안하고 묵묵히 살다
가 하늘나라로 가는 것을 꿈꾸는가? 지금 당장 떠오르는 것이 없
더라도 학창시절에 그래도 내 좌우명으로 삼자고 하는 문구가 한
두 개씩은 있었으리라. 떠올려보자. 무수히 많은 좋은 말들이 떠오
를 것이다. 그러한 말 중에서 좌우명을 새로 정립해보자.

꿈이 없는 사람은 생명력이 없는 마네킹이나 꼭두각시와 같다.
돈이 많아도 '꿈'이 없다면 의미가 없는 삶을 살아가는 것이고, '꿈'
이 있어도 잊고 산다면 그 '꿈'은 유효기간이 지나 사라지고 만다.

미국의 유명한 방송인 오프라 윈프리는 '우리가 무슨 생각을 하
느냐가 우리가 어떤 사람이 되느냐를 결정한다'라고 했다. 즉 자신

의 미래를 그리고 '꿈'이 있는 사람만이 그 '꿈'을 이룰 수 있고 발전하고 성장하는 삶을 영위할 수 있는 것이다.

필자가 예전에 모 방송 프로그램에 고정출연을 한 적이 있었는데, 당시 최고의 인기를 구가하던 개그맨과 나눈 대화를 소개하겠다.

아직까지 뇌리를 스치는 그 개그맨의 한 마디에 필자는 망치로 뒤통수를 얻어맞은 듯한 충격을 받았었다. 과연 대한민국 직장인 중에 이런 마인드로 사회생활을 하는 사람이 몇 %나 될까? 그날 이후 필자는 그 개그맨을 다시 보게 되었다. 현재도 그는 국내 최고의 개그맨으로 왕성한 활동을 하고 있다.

정말 하고 싶은 일을 하면서 사는 사람이 가장 행복한 사람이 아닐까? 하고 싶은 일을 하면서 산다면 만사가 귀찮아지고 뭐든 하기 싫어질 수 있을까? 필자도 16년간이나 근무했던 은행을 그만둘 때 이와 같은 생각을 했던 걸로 기억된다. 정말 하고 싶었던 '강의와 출판, 많은 사람들을 만날 수 있는 일이 뭐가 있을까?' 해서 결정한 방향이 현재 필자의 생활이다.

필자가 계속 은행에서 근무했다면 10분 이상 자리도 비우지 못하고, 기계적이고 정해진 응대법으로 업무 처리를 하고, 서류정리를 끝낸 뒤에야 퇴근했을 것이다. 그러다가 지점장까지 승진하고, 50대 전후에는 명예퇴직에 대해 고민하다 30여 년간의 은행생활만 재산으로 남긴 채 은퇴하고 무엇을 하고 먹고 살까 고민하겠지. 필자가 지금까지 봐왔던 대부분의 선배들의 모습이기에 이렇게 뻔히 보이는 직장생활과 얼마든지 예상 가능한 미래가 싫었다.

현재 은행에서 근무하고 있는 많은 금융인들을 폄하하거나 비하하자는 의미가 아니다. 필자가 근무했던 직장이 은행이었지만, 일반 제조업체나 공기업들도 솔직히 다 마찬가지 아닌가?

지금 필자도 한 회사에서 월급쟁이 생활을 하고 있다. 하지만 자산관리 연구소소장으로 근무를 하고 있기 때문에 그래도 업무시간에 강의나 방송이 있으면 자유롭게 외부로 외출이 가능하고, 회사원들이 요청하는 세미나가 많아 강의가 주요 업무이다.

필자도 자신 있게 이야기할 수 있다.

"저도 취미가 직업인 행복한 사람입니다."

정말 하고 싶은 일을 하면서 사는 사람이 가장 행복한 사람이 아닐까? 하고 싶은 일을 하면서 산다면 만사가 귀찮아지고 뭐든 하기 싫어질 수 있을까?

하고 싶은 일을 하는 방법에는 현재 근무하는 회사를 그만두고 과감히 새로운 삶을 살아가는 방법과, 현재 일을 계속 하면서 하고 싶은 일을 하나씩 실천하는 2가지 방법이 있다.

필자는 하고 싶은 일을 위하여 과감하게 근무하는 직장을 그만둔 사람들을 많이 봐왔다. 직장을 그만둔 이후 고생스럽고 당장의 아쉬움은 있지만, 그 누구도 퇴사를 후회하거나 현재의 삶에 실망한 모습을 본 적은 없다.

40대 초반 구재성 씨는 지금부터 약 7년 전 과감하게 회사를 그만두고 귀농을 결심했다. 필자도 소식을 듣고 깜짝 놀랐을 정도로 회사 안팎에서 두루 인정받고 있었고 무난히 회사의 임원까지는 가리라고 생각했던 사람이었다. 하지만 결혼 후, 어느 날 귀농을 선언하고 귀농학교에 다니며 약 1년간을 준비하다가 지금은 충청도의 소도시 외곽에서 행복한 삶을 살아가고 있다.

몇 년 전부터는 홈페이지도 개설해서 자신이 직접 키운 모양은 투박하지만 무공해 농작물을 온라인으로 판매하고 있다. 시중가격보다 비싸지만 유기농 고구마, 감자, 쌀이라서 수요가 넘쳐 공급이 모자랄 지경이라고 한다. 그의 홈페이지나 블로그를 살펴보면 여유로움을 느낄 수 있는데 부부가 손을 잡고 읍내에 나가서 조그만 카페에서 책을 읽거나, 아침 일찍 강아지와 함께 주변 산책을 하는 등 도시생활에서 느끼지 못하는 행복을 만끽하고 있었다.

구재성 씨의 경우에는 현재 하고 있는 일을 그만두고 자신의 꿈과 미래를 직접 개척한 경우이다. 많은 직장인들의 경우에는 현재의 생활에서 작은 '꿈'들을 실천하는 노력을 해야 한다.

32세 직장인 손주희 씨는 몇 년 전부터 자전거 라이딩에 빠져 즐겁게 생활하고 있다. 한 달에 두세 번 동호회 회원들과 함께 가까운 근교까지 자전거를 타고 나가 자연을 느끼고 라이딩의 즐거움과 함께 운동의 효과를 톡톡히 누리고 있다. 평일에도 스트레스가 많이 쌓이거나 몸이 무거우면 한강이나 가까운 공원에서 자전거를 타는데, 생활 속에서의 작은 희열이자 큰 즐거움이라고 늘 얘기한다. 이처럼 우리 주변에는 정말 자신이 하고 싶은 일을 하나씩 실천하는 직장인들 또한 많아지고 있다.

그런데 무엇보다 중요한 것은 현재의 업무와 회사의 일에서 그러한 기쁨을 찾는 것이다. 회사만 들어오면 천덕꾸러기나 악마가 되었다가 퇴근만 하면 천사가 되는 모습보다는 집에서나 회사에서나 늘 기쁘고 즐겁게 생활하고자 하는 마음을 갖자. 그래서 일로써 혹은 성취감으로써 자신의 일을 취미로 만드는 변화를 경험해보자.

당장 하고자 하는 일을 하기 위해서 오랫동안 근무했던 직장을 때려치우라는 얘기는 절대 아니다. 현실은 현실이기에 부모로서 배우자로서 제 역할을 충실히 지켜나가는 것이 가장 중요하다.

하루에 단 1시간이라도 정말 자신이 하고 싶은 일을 하자는 당부를 하고 싶다. 예를 들면 책을 질리게 읽는다거나, 블로그나 페이스북 등의 소셜 네트워크를 활용해서 글을 쓰거나, 월 1회 이상 여행을 가거나, 댄스나 기타 취미거리를 찾아보도록 하자.

그런데 여기서 필자가 하나 짚고 넘어가고 싶은 것은 행복한 사람들의 특징은 역시 하고 싶었던 일을 직업으로 승화시켰다는 점이다. 자신이 정말 하고 싶은 일이나 배우고 싶은 것을 정하고 그것이 나중에라도 생계에 조금이라도 도움이 되는 것이면 금상첨화가 아니겠는가?

모 포털사이트의 파워블로그가 되어서 유명세를 타고 블로그 활동이 직업으로 바뀐 사람도 있다. 재미 삼아 만들어봤던 개인 방송이 인기를 끌어 직업적으로 개인방송을 하는 사람도 있다. 순수하게 취미로 모였던 직장인 밴드의 멤버들이 각자 돈을 모아서 음악카페를 오픈해 저녁마다 차 한 잔에 작게 공연하는 모습을 보면서 삶을 만들어 나가는 사람과 삶에 이끌려 다니는 사람의 차이를 발견할 수 있다.

와시다 고야타라는 일본작가의 『하고 싶은 일이 무엇인지 모르는 사람에게』라는 책에서 주입식교육이 몸에 배인 20대와 30대의 젊은 이들에게 자신이 하고 싶은 일을 하루빨리 찾으라고 강조하고 있다. 인생을 살아가는데 가장 중요한 것은 어려운 상황에서 자신을 지킬 수 있는 '지혜'이지, 지구 반대편에 위치한 작은 나라의 수도이름이 아니라는 것이다.

하고 싶은 일을 모르겠다는 것은 그만큼 무궁무진한 여지와 다양한 기회가 열려있다고 해석할 수도 있지만, 그만큼 남들보다 시간을 허비하고 있다고도 해석할 수 있지 않을까?

아무것도 인생에서 이루고 싶은 것도 하고 싶은 것도 없는 사람들에게 꼭 얘기해주고 싶다. 일단 지금 자리에서 일어나자. 앞으로 40대 50대가 아니라 60대 70대까지 자신이 무엇을 하면 좋을지 그것을 먼저 생각해보자.

아무리 노력해도
성과가 없다

"지금 출산 준비로 잠시 휴직 중이신데, 아이를 낳고 다시 직장을 다니실 건가요?"

"그때 상황 봐서요."

"그럼 앞으로 3년 후, 5년 후, 10년 후 재무적인 계획이나 인생의 목표와 하고 싶은 일은 있으세요?"

"어휴, 그때까지 생각할 겨를이 있나요? 지금 대출 갚고 애들 앞으로 들어가는 돈 대기도 빠듯한데 그냥 이렇게 사는 거죠. 뭐."

최근 필자가 상담했던 두 젊은 부부와의 간단한 대화 내용이다.

사회가 문제인지 개인들의 성향이 바뀌었는지 모르겠지만, 점점 현실에 안주만 하려는 성향이 크고, 인생의 큰 목표가 없이 생활하는 이들이 많아졌다는 느낌을 자주 받는다. 꿈은 꿀수록 이루어진다고 하는데, 신이 좀 도와주고 싶어도 도대체 이 사람이 어떤 꿈을 꾸는지 몰라서 이루어지는 것이 없는 게 아닐까 생각해보자.

로또 복권에 당첨된 사람은 매일같이 정성 들여 기도하고 복권을 사러 갔고, 6개월 안에 30kg을 감량하겠다고 공개선언한 한 개그우먼은 '헬스걸'이라는 프로그램에 나와 일주일 만에 12kg을 감량했다. 꿈은 구체적이어야 한다. 그리고 간절해야 한다.

얼마 전 개봉한 영화 〈전국노래자랑〉에는 자신의 꿈을 이루기 위해 아내의 간절한 소망인 '미용사' 자격증 시험도 포기한 채 아내 몰래 '전국노래자랑'에 출연해서 가수의 꿈을 이룬 한 젊은 남편이 나온다. 뻔한 스토리였지만 그 고뇌의 과정과 확고한 꿈에 대한 열정으로 결국 큰 성공을 이루는 모습에 잔잔한 감동을 느낄 수 있었다.

하지만 현실은 녹록지 않다. 하고 싶은 일을 하기 위해서는 하기 싫은 일을 배는 더 해야 한다. 따뜻한 밥을 먹으려면 쌀을 깨끗이 씻고, 불린 뒤 불 조절을 하며 뜸을 들이는 등의 수고로움을 감수해야 하는 것과 마찬가지이다.

보험 및 금융상품을 주로 취급하는 자산관리사 연지민 씨는 독실한 기독교 신자이다. 몇 년 전 자산관리사 일을 시작하고 얼마 동안은 고정수입이 없는 영업직의 특성상 월수입은 고작 몇 십 만 원에서 100만 원을 겨우 넘는 정도였다. 하지만 좌절하지 않고 끊임없는 자기계발과 고객 발굴을 하는 동시에 교회에 나가서 기도 드리며 자신의 꿈을 키워나갔다.

"주님, 제게 지치지 않는 열정을 주시고 제가 노력한 만큼의 성
공과 열매를 주십시오. 제가 십일조 헌금을 월 100만 원 할 수 있
게 도와주세요."

이렇게 기도드리기를 몇 개월째 드디어 그녀의 수입은 1,000만
원을 넘었다. 기도대로 수입의 10%를 내는 십일조 헌금을 100만
원을 내게 되었다.

이후 그녀는 십일조 헌금을 1,000만 원 내게 해달라고 열심히
기도드렸다. 그런데 놀라운 일이 일어났다. 우연히 골프 연습장에
서 만난 고객의 소개로 고액 계약이 체결되었다. 실제 그녀는 어느
달에 월 1억 원 이상의 수입을 올려 십일조 헌금 1,000만 원을 내
게 된 것이다.

바라는 대로 뜻하는 대로 이루어진다는 것을 몸소 경험한 그녀.
요즘에도 겸손한 마음으로 고객의 자산관리에 매진하면서 십일조
헌금을 더 내게 해달라고 기도드린다고 한다.

몇 년 전 미국의 어느 축구팀에서 사람의 상상력과 잠재력에 대
한 실험을 한 적이 있다. 축구팀을 세 개의 조로 나누고 첫 번째 조

는 한 달 동안 축구 연습을 전혀 시키지 않고, 두 번째 조는 한 달 내내 슈팅 연습을 열심히 시켰으며, 세 번째 조는 축구 연습을 시키지 않고 머릿속으로 슈팅해서 골을 넣는 상상을 하도록 지시했다.

한 달 후, 슈팅을 시켜본 결과는 다음과 같았다. 한 달 동안 전혀 슈팅 연습 등 축구연습을 시키지 않은 첫 번째 조는 성공률이 39%에서 37%로 소폭 떨어졌고, 한 달 동안 슈팅 연습을 많이 한 두 번째 조는 39%에서 41%로 소폭 상승했다.

그럼 한 달 내내 연습은 안 하고 슈팅을 하고 골이 골대 안으로 멋지게 들어가는 상상만 한 세 번째 조는 어떤 결과가 나왔을까? 39%에서 42.5%로 세 조 중에서 가장 상승폭이 컸고 실제 슈팅 실력이 나아졌다는 놀라운 결과가 나왔다. 그만큼 무한한 상상이 반드시 골을 넣을 수 있다는 자신감으로 표출되고, 정확도와 개인 능력에서도 십분 발휘된다는 것을 우리는 알 수 있다.

혹시 지금 자신의 3년, 5년, 10년 후 바라는 모습이 명확한가? '그냥 약간 더 나이 든 모습으로 같은 직장에 비슷한 연봉에 비슷한 생활을 하겠지'라고 생각한다면 진짜 그렇게 될 것이다. 지금보다 건강하고 젊어 보이는 모습으로 살고자 한다면 확신을 가지고 준비하자.

누가 더 얼마나 간절하게 바라는가에 따라서 꿈의 크기와 모습은 달라진다는 것을 잊지 말아야 한다. 구체적인 꿈을 정하고 노력하는 사람과 그냥 눈앞의 상황에 안주해 노력하는 사람의 결과는 확연하게 다를 수밖에 없다.

누구나 노력하고 산다. 요즘에 어느 직장인이 노력하지 않고 사회생활을 한단 말인가? 다만 같은 노력을 하더라도 누가 얼마나 명확하고 확실한 미래의 모습을 그리고 노력하느냐가 결과를 달라지게 한다는 것이다.

미국의 유명한 코미디언인 빌 코스비는 이런 말을 했다.

"두려워하기보다는 무언가를 원한다는 마음을 더욱 굳게 가져라!"

지금 무엇을 원하는가? 자신이 무엇을 원하는지는 정확하게 알고 있는가? 고민해볼 필요가 있다.

시간이
너무 없다

젊은 사형수가 한 명 있었다. 마침내 사형 집행일이 다가왔고, 사형집행 전 그 사형수에게 5분간의 시간이 주어졌다. 당시 28세인 그 사형수에게 28년의 인생보다 더 소중하게 느껴지는 것은 마지막 5분간이었다.

'이렇게 소중한 5분간을 어떻게 쓸까?'라고 고민하던 사형수는 마침내 결심을 했다. 최초 2분은 자신을 알고 있는 모든 사람들에게 작별기도를 드리는 걸로 하고, 나머지 3분 중에서 2분은 지금까지 자신을 살게 해주신 하느님에게 감사하고, 함께 교도소 생활을 한 수감자들과 사형수들에게 한마디씩 작별인사를 하고, 마지막 1분은 앞에 펼쳐진 자연과 함께 자신이 서 있는 땅에 대해 감사하기로 마음먹은 것이다.

처음 2분간 눈물을 흘리며 가족들과 친지들 및 주변 지인들에게 감사의 마음과 함께 작별의 기도를 드리는 데 2분이 훌쩍 지나갔다. '이제 3분 후면 내 인생도 끝이구나' 하는 마음에 복받쳐 오르는 설움과 눈물로 제대로 기도를 못 드렸다. 아울러 지난 28년간의 세월과 시간을 제대로 활용하지 못한 후회와 함께 '인생을 다시 한 번 살게 된다면 얼마나 좋을까?'라는 회한에 젖어 있었다. 그때

극적으로 사형집행 중지 명령이 와서 목숨을 건졌다고 한다.

이렇게 구사일생으로 풀려난 그는 사형집행 직전의 5분이라는 시간의 소중함을 절실히 깨닫고, 이후 시간의 소중함을 느끼며 매일이 마지막 하루라는 생각으로 열심히 생활했다고 한다. 이 사형수는 바로 『죄와 벌』, 『카라마조프의 형제들』, 『가난한 사람들』 등 불후의 명작을 남긴 러시아의 대문호 도스토예프스키이다. 그는 16세에 군의관인 아버지가 농노들에게 살해되는 것을 목격하면서 사회주의 운동에 뛰어들어 활동하다 체포되어 사형선고를 받은 것이다.

자, 여기까지 읽었는데도 아직까지 인생에서 무엇을 이룰 시간이 없다고 생각하는가? 우리의 오늘은 어제 죽어간 무수히 많은 사람들이 그렇게도 살고 싶어 갈망하던 내일이었다. 하루하루의 의미와 매시간의 의미는 얼마나 활용하고 관리하느냐에 따라서 금쪽같은 시간이 되기도 하고 허공으로 날아가 버리는 시간이 될 수 있다는 것을 명심하자.

왜 모든 다이어리에는 요일과 오전, 오후가 구분되어 있을까?
삶을 시간 중심이 아닌 꿈이나 업무, 계획 중심으로 바꿔보자. '언
제까지 이 일을 하고, 이것을 배워야겠다'가 아니라 '이것을 반
드시 이루어야 하는데 얼마의 시간이 필요하겠다'라고
생각해보자. 반드시 꿈을 이룰 수 있을 것이다.

필자가 만난 82세의 김철상 할아버지. 개처럼 벌어서 정승처럼 쓰자는 지론으로 젊었을 때 갖은 고생을 해가며 상당한 재산을 모았다. 하지만 늘 그에게는 이루고 싶은 꿈이 있었고, 그 꿈은 바로 미국으로 유학을 가서 공부하는 것이었다. 그래서 그는 지금 미국유학을 꿈꾸고 준비하고 있다. 82세의 할아버지가 미국으로 유학을 가서 85세에 귀국. 국내 대학교나 기관에서 강의를 90세까지 하겠다는 꿈을 품고 있는 것이다.

지금 이 책을 읽고 있는 독자들 중에 80대가 있을까? 대부분 아주 많이 젊을 것이다. 이루고 싶은 것은 많은데 시간이 없다고 체념하고 포기하지 마라. 시간은 충분하다. 앞서 언급했듯 다만 시간 중심으로 보지 말고 꿈 중심으로 보고 생각하는 습관을 갖도록 하자.

어릴 적부터 대통령이 되고 싶어 책상 앞에 붙여놓은 '대통령'이라는 문구를 매일 보고 결국 대통령이 된 분이 계시다. 어릴 적부터 'UN사무총장'이 되겠다는 꿈을 꾸고 끊임없이 노력하고 준비해서 결국 UN사무총장이 되신 그분처럼 못할 게 무엇이 있는가?

3장

고민하다

회사를 옮기는 것은
어떨까?

01

"다른 곳을 알아봐야겠어. 도저히 버티기가 힘드네."

오늘도 집에 가는 차 안에서 39세 모 기업 차장 백승도 씨는 중얼거린다. 이젠 이렇게 중얼거리는 게 습관이 되어 직장을 옮기지 않으면 안 될 것 같은 기분마저 든다. 그렇다면 이직을 위한 준비를 하고 있을까? 최근 취업 사이트를 둘러본 적도 없고, 이력서를 언제 써봤는지 기억도 나지 않는다. 푸념은 습관화된 것이다.

우리나라의 많은 직장인들 역시 백승도 씨와 별반 다르지 않다. 직장생활에 만족하는 직장인의 비율은 계속 줄어들고 있고, 막연하게 다른 회사로 옮기면 무언가 돌파구가 생길 것 같다는 생각을 하고 있는 것이다.

'남의 떡이 커 보인다'라는 속담이 이런 의미일까? 하지만 실제 직장을 옮겼을 때 현재보다 직급을 높여 옮긴 경우는 그렇게 많지 않다고 한다. 연봉도 현재의 조건보다 더 받는 경우보다 오히려 낮춰서 옮기는 경우가 많다고 하는데, 다른 비전이나 근무여건 혹은 적성 등 다른 조건을 우선시 한 결과라고 할 수 있다.

다음 통계는 통계청에서 발표한 청년층의 첫 일자리를 그만둔 사유에 대한 조사이다. 청운의 꿈을 품고 직장에 취업을 했지만 그만둘 수밖에 없었던 사유 중 44%가 '근로여건 불만족'으로 꼽았고, 18%가 개인적인 사정이나 가족을 이유로 들었다. 세 번째로 많은 퇴사 사유는 8.8%로 '전공이나 적성이 맞지 않아서'라고 답했으며, 8.6%는 '전망이 없어서'라고 답변을 했다.

여기서 주목해야 할 점은 꿈이나 비전을 위해서 그만둔 것이 아니라, 대부분의 퇴직자들이 현재의 상황에 대한 불만족을 꼽았다는 데에 주목할 필요가 있다.

나는 아무런 잘못도 없고 부족한 점이 없는 완벽한 사원인데, 회사가 나의 적성이나 만족스런 근무환경을 만들어주지 않았다는 걸로도 해석이 되는데, 그렇다면 다른 회사로 옮기면 이 모든 것이 충족될까?

20여 년 이상 직장생활을 한 필자의 답변은 절대로 'NO'이다. 앞 장에서도 언급했지만 남자들의 최고의 재테크 전략은 바로 '현업에 충실하기'이다. 일단 현업에 충실해야 한다. 그리고 현재 근무하는 회사에서 그리고 맡은 일에서 또 다른 보람과 비전을 찾아야 한다.

만약에 여의치 않으면 별도의 시간을 내서 철저하게 이직이나 또 다른 길을 모색해야 한다. 장기적인 시간을 두고 철저하게 준비해야 한다. '당장 퇴직금이나 모아 둔 돈이 있으니 6개월은 버틸 수 있겠구나. 그 사이 뭐 어떻게 안 되겠어?'라는 식의 퇴사는 절대 금물이다.

똑같이 모 통신회사에 입사한 동기가 있었다. A는 늘 현업에 충실하고 열심히 일하면서도 영어를 별도로 공부해서 영어만큼은 자신감을 갖게 되었고, B는 회사에 만족하면서 열심히 근무는 했지만 별도로 자기계발을 하지는 않았다.

하지만 회사가 경영이 부실해지면서 대규모 감원이 시작되었고, 두 사람도 감원대상이 되어 똑같이 회사를 그만두게 되었다.

마침 헤드헌터회사에서 두 사람의 경력을 인정해서 연락을 했는데, 모 외국계 회사에 마침 결원이 2명 생겨 우연찮게 같은 회사로 입사하게 되었다. 그런데 외국계 회사이다 보니 영어로 대화가 가능하고 문서작성이 가능했던 A는 관리자 즉 매니저로 입사를 했고, 영어가 되지 않았던 B는 주임급으로 입사해 두 사람의 연봉 차가 3,000만 원이 넘었다고 한다.

애당초 국내 회사에 입사는 같이 한 동기지만, 10여 년이 흐른 뒤 두 사람의 삶에 대한 방향성과 격차는 현격하게 벌어진 실제 사례이다. 그런데 막연한 이직에 대한 갈망보다는 우선 현업에서 최선을 다해 돌파구를 찾으면서 체계적인 준비 내지는 자기계발을 해야 한다는 교훈을 우리에게 주고 있다.

자기계발을 준비하는데 필요한 마음가짐은 나이가 들어가면서 하고 싶은 일보다는 해야 할 일들이 더 많아지고 있다는 점을 기억하자. 한 살이라도 젊었을 때 자기계발을 시작한다. 조금만 생각을 바꿔서 해야 할 일보다는 하고 싶은 일을 더 많이 만들어 보는 것이 중요하다.

해외 한민족 대표자협의회 의장이고 뉴스타 그룹 대표이기도 한 남문기 박사는 한 소셜 네트워크 게시판에 '일에 미쳐야 살아남는다'는 주제로 아래와 같이 언급했다.

라스베이거스로 가서 잭팟을 터트리면 거부가 될 수도 있다. 로또 같은 복권도 마찬가지겠고, 정계에서는 줄을 잘 서서 염치없이 부정 축제도 마다하지 않고 돈을 끌어 모으면 돈을 벌 수 있겠고, 거부가 될 수도 있을 법하다. 모두가 불가능하거나 거짓은 절대 아니지만 확률상 일생 동안 벼락을 여섯 번 맞는 것과 같은 확률이라고 하니 쉽게 되지는 않을 것 같다.

어떤 것이든 쉬운 것이 없다는 것은 누구나 알고 있다. 그러나 자기가 하는 일에 살아남기를 원하거나 남보다 더 성공하기를 원한다면 어떤 방법으로든 일에 미쳐야 한다. 적어도 자기가 하는 일에 미쳐야 살아남는다. 무한 경쟁이 심화되고 있는 이 사회에서 자기가 하고 있는 일에 미치지 않고 어떻게 살아남는단 말인가.

"내가 부동산을 시작할 무렵이었다. 리스팅(매각 의뢰)을 받은 집의 오픈 하우스가 예정되어 있는 날이 되면 나는 이른 새벽부터 오픈 하우스 표지판을 잘 보이는 길거리마다 부착하기 시작했다. 남들이 한개 꽂으면 두 개, 두 개 꽂으면 4개 때로는 30개까지 꽂아 놓은 적이 있다. 한 명이라도 더 오게 만들고 한 명이라도 더 관심을 끌게 만들기 위해서였다.” 남문기 박사의 이러한 노력은 오늘의 그를 있게 만든 작은 실천이었다.

지금 어느 업에 종사하고 있든 희망은 반드시 있고, 그 일에 미쳐야 성공할 수 있다. 이것은 일에 대한 애착과 희망이 있어야 된다는 전제로 한다.

'불광불급(不狂不及, 미치지 않으면 미치지 못한다)'이라는 말이 있다. 현재에 하고 있는 일에서 미치고, 자신의 '꿈'을 이루기 위해 미치고, 멋진 미래를 준비하는 데 미쳐보도록 하자.

버킷 리스트와
엔딩노트

어느 사이 우리 사회에서는 '죽기 전에~'로 시작하는 책들이 많이 출판되고 있다. '죽기 전에 가봐야 할 여행지나 미술관, 죽기 전에 봐야 할 미술작품, 영화나 도서 혹은 죽기 전에 해야 할 101가지'라는 식의 제목들이 그것이다.

이렇게 죽기 전에 해보고 싶은 일을 적은 목록을 가리키는 말이 바로 버킷 리스트(bucket list)이다. 즉, 죽기 전에 꼭 해보고 싶은 일과 보고 싶은 것들을 적은 목록을 의미한다.

중세 시대에는 교수형을 집행하거나 자살을 할 때 올가미를 목에 두른 뒤 뒤집어 놓은 양동이(bucket) 위에 올라가 양동이를 걸어찼다고 한다. 여기에서 '킥 더 버킷(kick the bucket)'이라는 말이 유래하였는데, 이는 '죽다'라는 뜻의 속어로도 쓰인다.

2007년 미국에서 제작된 롭 라이너 감독, 잭 니콜슨·모건 프리먼 주연의 영화 〈버킷 리스트-죽기 전에 꼭 하고 싶은 것들〉이 상영된 후 '버킷 리스트'라는 말이 널리 사용되기 시작했다. 영화는 죽음을 앞에 둔 영화 속 두 주인공이 한 병실을 쓰게 되면서 자신들에게 남은 시간 동안 하고 싶은 일에 대한 리스트를 만들고,

병실을 뛰쳐나가 이를 하나씩 실행하는 이야기를 담고 있다.

- 세렝게티에서 사냥하기
- 문신하기
- 카레이싱과 스카이다이빙
- 눈물이 날 때까지 웃어보기
- 가장 아름다운 소녀와 키스하기
- 화장한 재를 깡통에 담아 경관 좋은 곳에 두기

목록을 지워나가기도 하고 더해가기도 하면서 두 사람은 많은 것을 나누게 된다. 인생의 기쁨, 삶의 의미, 웃음, 통찰, 감동, 우정까지.

'우리가 인생에서 가장 많이 후회하는 것은 살면서 한 일들이 아니라, 하지 않은 일들'이라는 영화 속 메시지처럼 버킷 리스트는 후회하지 않는 삶을 살다 가려는 목적으로 작성하는 리스트라 할 수 있다.

60대 후반의 평범한 일본의 회사원이자 가장인 스나다 도모아

키는 우연히 건강검진에서 말기 암 판정을 받게 된다. 하지만 마냥 주저앉아 슬퍼하고 마지막 남은 시간들을 보내기보다는 하루하루 매시간을 의미 있게 보내자고 결심을 하고 '엔딩노트'를 작성하여 하나하나 실천해나간다.

평생 믿지 않았던 신을 믿어보기, 한 번도 찍어보지 않았던 야당에 표 한 번 주기, 일만 하느라 소홀했던 가족들과 여행 가기, 손주들과 최대한 많은 시간을 보내며 놀아주기 등 일상생활의 소소한 일들이지만 평소에 하고 싶었던 일들을 실천하며 주인공은 서서히 죽음을 맞이하는 내용의 영화이다. 영화 〈엔딩노트〉는 최근 개봉해 잔잔한 파장을 일으켰다.

마지막 장면에서 수십 년을 함께 살았던 아내가 울면서 "마지막 할 말은 없느냐?"라고 물었을 때 주인공은 평생 해보지 못했던 말을 한다.

"사랑해."

'엔딩노트'는 '버킷 리스트'보다는 조금 더 구체적이라고 볼 수 있는데, 유언장의 또 다른 방법이라고 할 수 있다. 이 영화 이후 일본에서는 다양한 형태의 '엔딩노트' 작성이 유행처럼 번지고 있다고 한다. 예를 들어 장례식은 어떻게 할 것이며, 나의 옷가지 정리는 어떻게 하고, 내가 만약에 불치병에 걸려서 생명연장을 인위적으로 해야 한다면 거절하겠다는 식으로 꼼꼼하게 적는다고 한다.

'버킷 리스트'와 '엔딩노트'의 공통점은 유한한 삶을 인식하고 받아들이면서 남아 있는 시간의 중요성을 깨닫고 효율적이고 후회 없는 시간을 위한 계획서라고 볼 수 있다. 한 가지 아쉬운 점은 이러한 준비와 실천을 꼭 나중에 가서야 깨닫는다는 점이다. 청소년기에 미리미리 깨닫고 자신의 '인생 목표 노트'를 작성하면 얼마나 좋을까? 아니, 20대 사회 초년병일 때부터라도 자신의 인생의 목표와 꿈을 담은 노트를 작성해 놓고 매년 반성하고 수정하면서 차근차근 미래를 준비하면 남들보다 훨씬 계획적이고 발전하는 인생을 만들 수 있지 않을까?

웨슬리 K. 클락(Wesley K. Clark)의 명언을 우리는 기억해야 한다.

"계획에는 두 종류가 있다. 작동될 수 있는 계획과 그렇지 못한 계획. 우리는 작동 가능한 계획을 세우고 그것이 작동되도록 해야 한다.”

　‘가장 늦었다고 생각되는 때가 가장 빠른 때이다’라는 말이 있듯이 지금이라도 거창하게 ‘버킷 리스트’까지는 아니더라도 하고 싶은 일과 목표를 만들어서 실천해보도록 하자.

<나의 버킷 리스트>

하고 싶은 분야	하고 싶은 일 (구체적으로)	준비사항
일		
취미		
건강		
가족		

세계적인 극작가인 버나드 쇼의 묘비명은 워낙 유명해서 많은 사람들이 알고 있다.

'우물쭈물하다가 내 이럴 줄 알았다.'

물론 어떤 이들은 이 묘비명을 '나는 알았지. 무덤 근처에서 머물 만큼 머물다 보면 이런 일(무덤 속으로 들어갈 것을)이 일어날 것을……'로 해석하지만, 개인적으로 오역이든 의역이든 앞 번역이 훨씬 마음에 든다.

무엇을 할지 고민하지 말자. 그냥 백지 한 장 앞에 펼쳐놓고 하나씩 적어나가자. 이왕이면 좀 구체적인 것이 좋겠고 그러다 보니 남은 인생에서 하고 싶은 일이 100가지가 넘는 경우도 많다.

가짓수가 아니라 꿈의 재발견을 하는 것이 중요하다. 꿈이라는 것은 어디에 숨겨 놓으면 안 된다. 여기저기 광고하라는 것은 아니지만, 적어도 자신이 하고자 하는 일과 꿈을 주변 몇 명에게는 평소 자주 얘기하는 것이 좋다. 그래야만 스스로 그 꿈을 이루기 위해서 노력할 것이고 실제 이루는 비율도 훨씬 높다는 것을 기억하자.

내 고민과 꿈을
누구에게 이야기하나?

외부 기업이나 기관에 강의를 많이 하다 보면 가끔 필자에게 연락을 해서 만나 뵙고 싶다는 분들이 있다. 시간이 맞으면 기꺼이 만나는 편인데, 참으로 다양한 고민과 이상을 가지고 있다.

고민 중 제일 많은 것은 역시 현재 하는 일에 대해 어떻게 하면 성공할지에 대한 부분이다. 강의를 하거나 책을 내보고 싶은데 방법을 모르는 경우, 이직을 하고 싶은데 어떻게 준비하고 어떤 회사나 업종으로 옮기는 것이 좋을지 등등 다양한 고민을 듣는다. 그런데 고민의 내용도 내용이지만, 이렇게 필자에게 연락까지 하고 찾아오는 사람들에게 오히려 필자가 많은 느낌을 받고 있고 때로는 많은 배움도 받고 있다.

이들의 공통점은 명확한 꿈이 있고 5년 후, 10년 후 자신의 모습을 그리고 있다는 것이다. 앞장에서도 언급했지만 자신의 꿈을 주변 사람에게 터놓고 얘기하는 것이 중요한데, 이왕이면 자신이 무언가 배울 점이 있는 멘토나 인생의 스승을 한 명 정해서 꿈의 진행상황을 공유하는 것도 좋은 방법이다.

꿈을 공유함으로써 맛볼 수 있는 또 다른 효과는 다른 사람의 꿈을 간접 경험을 함으로써 그 열정과 에너지를 함께 얻을 수 있다는 것이다. 또 다른 사람들도 나처럼 목표가 분명하고, 같은 고민을 하고 있다는 동질감을 느낄 수 있다.

아프리카에서 살고 있는 부족을 연구하고 있었던 한 인류학자가 한 부족의 아이들을 모아놓고 이런 제안을 한 적이 있다.

"어느 나무 밑에 싱싱하고 맛있는 과일로 가득 찬 바구니를 놓고 누구든 먼저 바구니까지 뛰어간 아이에게 과일을 모두 주겠습니다."

이 인류학자의 말이 통역되어 전달되자마자 아이들은 마치 미리 약속이라도 한 듯 서로의 손을 잡고 그대로 함께 달리기 시작했다. 아이들은 바구니에 다다르자 모두 함께 둘러앉아 입안 가득 과일을 베어 물고 키득거리며 재미나게 나누어 먹었다.

인류학자는 어리둥절하여 한 아이에게 물었다.

"누구든 1등으로 간 사람에게 과일을 모두 주려고 했는데 왜 다 함께 달렸니?"

"나머지 다른 아이들이 다 슬픈데, 어떻게 나만 기분 좋을 수 있나요?"

고개를 돌려 아이들에게 묻자 아이들의 입에선 'Ubuntu'라는 단어가 합창하듯 쏟아졌다고 한다. 'Ubuntu'는 아프리카 코사(Xhosa)어로 '우리가 있기에 내가 있다'라는 뜻이라고 한다.

거창하게 직장 내에서 혹은 대인 관계에서 '꿈'의 전도사가 되라는 것은 아니다. 아래를 바라보며 '왜 안 되지?'가 아니라 위를 바라보고 '같이 만들어 볼래? 같이 가 볼래? 함께 이루어 볼래?'라는 대화를 더 많이 하는 우리가 되었으면 한다.

직장 상사나 학교 선배 혹은 주변에 연장자 중에서 자신의 꿈을 함께 공유할 사람을 찾아보자. 그렇게 꿈을 공유하면 그분도 일이나 생활에서 나의 꿈과 관련된 좋은 내용이나 소식에 대해 공유하게 되어 있다.

또는 내가 생각했던 방향성이나 준비 과정보다 훨씬 빠르고 안정적인 방향이나 길을 제시해 줄 수도 있다. 혼자만 꼭꼭 숨겨놓고 꿈을 그리다 보면 우물 안 개구리의 우(愚)를 범할 수 있다는 점을 명심해야 한다.

꿈을 그리면서 가끔은 꿈 공유자에게 현재까지 그린 꿈에 대해 보여주면서 맞게 잘 그렸는지 검토를 받는다고 생각하면 될 것이다. 혼자 고민하면 서너 시간 아니 며칠 걸릴 것이 단 몇 분 만에 답이 나올 수도 있다. 서울대 행정대학원장 최종훈 교수의 인생 교훈이라는 글이 있다.

갈까 말까 할 때는 가라.

살까 말까 할 때는 사지 마라.

말할까 말까 할 때는 말하지 마라.

줄까 말까 할 때는 줘라.

먹을까 말까 할 때는 먹지 마라.

이 얼마나 금쪽같은 교훈인가? 이 몇 마디에 고민하고 있는 많은
부분이 해소되었으리라 생각된다. 이처럼 주변에 혹은 출판이나 글
을 통해서도 많은 꿈 공유자를 만날 수가 있다는 것을 기억하고 쑥스
럽거나 용기가 나지 않아서 꿈을 포기하는 일은 없도록 하자.

진정 바라는 꿈이라면
운도 따른다

04

운이란 녀석이 자꾸 따라오네요.

언제는 싫다고 싫다고 도망가더니.

한참 동안 코빼기도 안 보이더니,

이제는 좋다고 자꾸자꾸 따라오네요.

시도 때도 없이 나만 졸졸 따라다니네요.

그래서 제가 이 녀석에게 물었지요.

"왜 요즘 자꾸 날 졸졸 따라다니는 거지?"

녀석은 간단하게 대답하더군요.

"요즘 너의 웃는 모습이 참 보기 좋아."

흔히 운이 좋은 사람이 있고 자신은 운도 지지리도 없다는 식으로 푸념하는 경우를 가끔 본다.

예를 하나 들어보자. 로또를 사면서 '내가 사기는 샀지만, 당첨될 것 같지는 않아. 그냥 심리적으로 안정감을 갖기 위해서 뭐라도 하려는 거지, 뭐'라고 생각하는 사람이 당첨될까? 아니면 '반드시 언젠가는 당첨이 될 거야. 난 믿어'라고 확신하는 사람이 당첨될까?

당연히 후자의 경우가 아닐까 싶다. 우리가 꾸는 꿈도 마찬가지이다. 긍정적인 마인드로 씨익 웃으면서 꿈을 만드는 사람에게는 고난과 난관은 별로 거칠게 없다. 하지만 의심이나 자신감 없이 꿈을 그리는 사람은 작은 돌에도 쉽게 넘어지고 작은 웅덩이에도 빠져버린다.

있으면 뭔가 있어 보이고 든든하니까 만들어 놓은 좌우명보다는 반드시 이것만은 내가 지키겠다는 굳은 각오로써 만드는 좌우명이 더 실천 가능성이 높지 않을까?

프로야구경기에서 지다가도 역전을 잘하는 팀의 선수들에게 물어보면 거의 비슷한 얘기를 하곤 한다.

"우리 팀이 진다는 생각을 해본 적이 없어요. 나중에 꼭 역전해서 이기거든요."

"초반에 실수가 좀 있었지만, 우리 팀은 근성을 가지고 끝까지 물고 늘어지거든요. 동점이 되서 연장까지만 가면 반드시 이긴다고 생각했어요. 실제로 이겼잖아요?"

우리의 꿈도 마찬가지이다. 이루어지지 않는다는 생각을 조금이라도 가지고 있다면 지금이라도 과감하게 버려버리자. 반드시 이루고 달성할 수 있다. 꼭 성취할 수 있다.

행복하기는 아주 쉽다고 한다. 바로 가진 걸 사랑하면 된다고 하는데 그 가진 것 중에 가장 가치 있고 소중한 것은 '나의 꿈'이다. 나에게 가장 소중하고 중요하고 간직해야 하는 꿈을 오히려 내가 의심하고 반신반의하면 되겠는가?

아침 신문에서 49세에 세무사가 된 황경찬 씨 기사를 보게 되었다. 대학을 졸업하고 20여 년간 보험회사에서 총무와 지점장으로 일하면서 영업의 달인으로 통했던 그는 갑작스런 구조조정으로 46세에 회사를 나왔다. 막막했던 그는 매일 13시간씩 공부하여 최고령으로 세무사 시험에 합격하였다. 그는 보험회사 지점장 시절에 알고 지냈던 고객들에게 연락하여 세금 컨설팅과 장부 기장을 해주며 제2의 인생을 살고 있다.

그가 가진 것을 사랑하지 않았다면 과연 이러한 멋진 재도약이 가능했을까? 20년 이상 씨름했던 숫자와 각종 통계를 어떻게 승화시키고 지금 알고 있는 지식과 경험을 최대한 활용할 수 있는 업종이 무엇일까 고민했을 때 떠오르는 업종은 제조업도 아니고 건설업도 아니고 출판업도 아니었다. 회계나 세무 쪽 일 중에서 자격증이 있는 직업을 선택했다는 것이 그의 설명이다.

나이를 먹는 것만으로는 늙지 않는다고 한다. '이상'을 잃었을 때 비로소 노화되는 게 사람이라고 한다.

외모의 늙음보다 더 두려운 것이 이상의 소멸이요, 꿈의 분실이라는 점을 명심하고 80대에도 학교에 입학하고 70대에 마라톤 풀코스를 도전하는 주변의 드림워커들을 따라해보는 것이 어떨까?

4장

———

탄성하다

시합 전 선수처럼
기합을 넣자

얼마 전 지인의 블로그에서 기가 막힌 문구를 본 적이 있다. 우리나라 국가대표 양궁선수들의 연습 전 구호라고 하는데 그 내용이 필자의 무릎을 쳤다.

'천 발의 열정과 한 발의 냉정.'

'이보다 더 멋진 구호를 만들 수 있을까?'라는 생각이 들었다.

당신은 아침에 눈을 뜨자마자 무엇을 하는가?

10분만 더 10분만 더 하면서 이불 속에서 바로 못 빠져나오는가?

아니면 일어나기는 하는데, 멍하니 거실 소파나 의자에 앉아서 한동안 시간을 허비하는가? 발코니에 나가 가벼운 맨손체조를 하면서 하루를 여는가?

나름대로 방식과 스타일이 있겠고, 그때그때 몸 상태나 컨디션에 따라서 다르겠지만, 적어도 출근하면서 혹은 하루 일과를 시작하기 전에 자신만의 작은 구호나 기합을 넣어보는 건 어떨까?

필자의 휴대전화 바탕화면에는 이런 문구의 이미지가 저장되어 있다.

'내 마음에 먹칠하는 일은 없도록!'

휴대전화를 열 때마다 이 문구를 보면서 무수히 다짐한다. 좌우명이나 인생의 지침도 물론 있어야겠지만, 중요한 프레젠테이션이나 업무보고, 시험, 테스트 등 무언가 평가를 받거나 의사 결정을 해야 할 때 혼자 마음속으로 혹은 작은 소리로 외치는 구호를 만들어 보는 건 어떨까?

흔히 단체 경기에서 선수들이 시합 전에 모여서 손을 한데 모으고 크게 구호를 외치고 경기를 시작한다. 단결력도 높이고 마인드 컨트롤을 하는 것이다. 실제 이렇게 했을 경우와 하지 않았을 경우 승률이 다르다고 한다.

예전에 탁구 국가대표 선수였던 현정화 선수가 국제대회에서 외국선수와 경기를 할 때 서브를 넣기 전에 혼자 외쳤던 '파이팅!'이라는 구호가 화제가 된 적이 있다. 당시 앳된 얼굴의 현정화 선수가 오른손에는 라켓을 들고 왼손바닥에 작은 탁구공을 올려놓았다. 탁구대를 바라보면서 외치는 그 구호는 마치 전 국민들의 힘을 모으는 듯한 자기 암시적인 기능을 발휘했었다. 실제로 상대편 선수에게 심리적인 위축을 주었다.

최근에는 자신의 이상과 꿈 혹은 목표 등을 외부에 공개적으로 알리거나 암시하기 위한 수단이 무척이나 많다. 페이스북이나 트위터 같은 소셜 네트워크 서비스를 통해서도 가능하고, 메신저나 스마트폰의 바탕화면 혹은 휴대전화 무료 메신저 서비스 등을 통해서도 가능하다.

어떤 사람은 근무하는 회사의 자리 앞에 버젓이 목표를 붙여 놓고 마음을 다지기도 하고, 하루 중 많은 시간을 보내는 자동차 안이나 수첩의 안쪽에다 자신만의 목표나 구호를 가지고 다니는 경우도 많다.

인생의 목표나 구호는 최대한 많이 눈에 띄는 곳에 붙여놓거나 등록해 놓아야 한다. 눈만 뜨면 스스로 동기부여가 되게끔 가급적 여기저기 붙여 놓고 등록해 놓자.

'금연'을 하겠다고 많은 사람들에게 선포를 하면 정말 담배를 끊게 되듯이 주변에 나의 목표와 꿈을 이루기 위한 도우미들이 많을수록 좋다는 의미이다. 물론 가장 중요한 주인공이자 도우미는 나 자신이겠지만.

살아가면서 싸워야 하는 것은 적이나 라이벌뿐만이 아니다. 자신에게 다짐하듯이 외치는 구호는 힘과 용기를 주어 장애물을 뛰어넘게 한다. 나만의 구호를 만들어보자!

자신에게도
가끔은 선물을 주자

얼마 전 한 기업체의 블로그에 발표된 통계에 따르면 임직원 899명이 참여한 '나에게 주는 특별한 선물로 어떤 것이 좋을까?'라는 설문조사(복수응답)에서 응답자의 41.37%는 '10일간의 휴가'를 가장 많이 꼽았다고 한다. 그만큼 휴가를 통한 '쉼'의 필요성을 직장인들이 절실히 느끼고 있다는 의미인데 여자친구나 애인, 자동차 등 다양한 답변이 나왔다고 한다.

그럼 당신은 다음 중 자신에게 어떤 선물을 가장 하고 싶은가?

사랑? 꿈? 용서? 행복?

우선 사랑이라는 선물은 주는 것이나 받는 것이나 모두 큰 의미로 다가오고 인생의 궁극적인 목표 중에 하나이기에 많은 선택을 받을 것이다.

꿈은 본인이 직접 생각해보거나 그려보면 되기 때문에 그렇게 많은 선택을 받지는 않을 것이다.

세 번째의 용서 역시 나름대로 열심히 살고 있고 자신이 만족해하는 삶이라면 굳이 용서가 필요 없다고 생각하는 독자들이 많을 것이다.

네 번째의 행복은 앞의 3가지를 모두 포함하는 의미일 수도 있기 때문에 필자의 생각에 가장 많이 선택을 받지 않을까 싶다.

그런데 많은 선택을 받지 못할 것으로 예상되는 꿈과 용서에 대해 이런 관점으로 바라보는 건 어떨까?

'진정 자신이 바라는 꿈이 있다고 생각하십니까?'라고 물어본다면 대부분의 사람들은 멈칫하거나 바로 답변이 나오지 않는다. 꿈 없이 살아간다는 것은 얼마나 삭막하고 무미건조한가라고 느끼면서도 대부분 명확한 꿈이 없는 것이다.

그렇다면 나 자신에 대한 용서는 어떤가? 우리는 많은 상처를 주고받으며 살아간다. 남이 내게 준 상처도 있지만, 내가 남에게 준 상처로 인해서 나 자신도 힘들어하고 괴로워하는 경우도 많다. 상처에 대한 대처로 비난, 복수, 보상, 굴복, 자책, 회피, 망각, 자기 합리화 등을 하는데, 실제 그 상처를 치유하는 데는 별로 효과가 없다고 한다. 상처는 원인이 남에게 있든 자신에게 있든 진정한 용서를 통해서만이 치유될 수 있다.

여기서 진정한 용서는 나 혼자 한다고 되는 것도 잊어버린다고 되는 것도 아니다. 따라서 회피하는 거나 무작정 덮어두는 것도 용서가 아니다.

용서는 잘못이나 오류를 인정하는 것에서부터 시작된다. 잘못이나 오류를 인정하지 않은 용서는 '진정한 용서'가 아니라 '무시 또는 외면'이다. 그렇다고 자신을 탓하거나 자책하지 말자. 자기반성과 자책은 분명히 다른 의미이다. 언제까지 과거의 실수를 돌아보고 자책할 것인가? 그러는 동안 시간이 흘러, 앞으로 다가오는 더 소중하고 의미 있는 시간들까지 놓치게 된다.

자책을 멈추고 자신에게 '용서'를 선물하라. 결과가 좋든 나쁘든 이렇게 자신에게 말하자.

"참 수고했어! 이 세상에서 네 자신에게 가장 좋은 선물을 받으렴. 여기 있어!!"

이처럼 나에게 주는 선물로 꿈과 용서의 의미도 크다는 점을 기억하면서 이 두 가지 선물을 바탕으로 '행복'이라는 큰 선물을 준비하도록 하자.

행복은 누가 주는 것이 아니다. 네잎클로버(행운)를 찾기 위해서
세잎클로버(행복)을 마구 밟고 다니는 것은 아닐까? 행복이란 것
은 우리가 스스로 만드는 것이고 내가 나 자신에게 줄 수 있는 가
장 소중하고 의미 있는 수제(Hand Made) 선물이다.

스스로 행복해지려고 노력하자. 자신을 더 사랑하는 연습을 많
이 하자. 남이 나를 아끼고 사랑하기 전에 내가 먼저 나 자신을
아끼고 사랑하자. 꿈이라는 씨앗을 뿌리고, 용서와 사랑
이라는 거름과 물을 주고, '행복'이라는 열매를 맺는 것
이야말로 진정한 인생의 목표가 아닐까? 행복은 다른 곳에
있는 것이 아니다. 지금 나도 모르게 행복을 밟고 있을 수도 있다.
나도 모르게 행복을 등에 업고 다니고 있을 수도 있다. 너무 멀리
높은 곳에서 행복을 찾으면 안 된다.

어느 휴먼 다큐멘터리 TV프로그램에서 시골의 어느 할머니께서 하신 말씀이 기억난다.

"행복은 엉뚱한 곳에 있지 않아. 요기 바로 요기 코 밑과 입술 위에 있는 것이야. 눈으로는 잘 안 보이지? 그런데 그게 나하고 가장 가까운 곳에 떡하니 붙어 있단 말이지."

단점보다
장점에 집중하라

평균적으로 자신의 주요 업무에 자신의 강점을 투입하는 사람
은 얼마나 될까? 한 설문기관에서 실시한 이 질문에 답한 200만
명 이상의 사람들 중, 단지 17%만이 업무 전반에 걸쳐 자신의 강
점을 사용하고 있다고 대답했다고 한다. 그렇다면 83%는? 많은
사람들이 자신의 장점을 업무에 반영하지 못하고, 훨씬 생산적이
고 효율적으로 일할 수 있는데 불구하고 자신 없는 분야에서 일하
고 있는 것이다.

비단 수많은 연구기관의 결과가 아니더라도 '자신의 단점을 고
치기보다는 장점을 살려서 일을 하거나 인생을 살아가는 것이 훨
씬 시간을 아끼고 빠르게 성장할 수 있다'라는 것을 누구나 알고
있다. 우리는 일상의 업무와 삶에서 자신의 강점을 빨리 발견하고
그 장점을 최대한 키우고 숙달시켜 업무와 삶에 적용하는 노력을
해야 한다. 물론 생각할 겨를조차 없이 바빠서 이러한 방법이 불
가능한 것처럼 들릴 수도 있다. 하지만 10명 중 2명은 이미 그런
방법을 사용하고 있다. 그 대열에 들어서기 위해 매일 거쳐야 할
6가지 단계가 있다.

세계적으로 유명한 교육 및 컨설팅 강연자 마커스 버킹엄

(Marcus Buckingham)은 그의 저서인 『강점에 집중하라(Go Put Your Strengths to Work)』에서 이렇게 강조하고 있다.

1번을 예로 들어 설명하면 '성공하면 거만해진다' 거나 '성공하면 부하직원들을 존중하지 않는다'라는 식의 속설을 만들면 안 된다는 의미다.

그리고 자신을 가장 잘 아는 사람에게 물어 자신의 장점이 무엇인지 세세하게 파악하도록 하자. 어떤 일이나 경험을 했을 때 느끼는 자신감의 정도를 메모해 보는 것도 좋다.

백지에 자신이 지금까지 가장 자신감을 보였을 때가 언제이고, 가장 자신감이 없어서 위축되었을 때가 언제인지 서술해 보는 것이다. 이러한 작업을 통해서 자신을 더욱 빛나게 해줄 장점을 발견할 수 있을 것이다.

아울러 장점을 발휘할 수 없는 업무는 과감하게 상사에게 얘기를 하거나 가족들에게 얘기를 해서 피하도록 하고, 자신의 장점을 다른 사람들이 모두 알 수 있도록 꾸준하게 알리는 것도 좋은 방법이 될 수 있다.

그리고 매주 혹은 매월 자신의 업무에서 장점을 살린 업무를 적어보고 전체 업무에서 이 업무들의 비율이 몇 %나 되는지를 계산해 보는 것도 좋은 방법이다.

　학교를 졸업하고 취업을 준비할 때 우리는 많은 이력서와 자기소개서를 작성한다.

　특히 자기소개서는 이력서처럼 정해진 틀이 없기 때문에 얼마나 효과적으로 자신을 대변하고 포장하느냐가 관건이다.

　지금 시점에서 자기소개서를 다시 작성해 보는 것도 장점을 찾을 수 있는 좋은 방법이다. 자신의 장점을 잘난 척하듯이 서술할 수는 없지만, 객관적으로 구인하고 있는 업무에 내가 적합한 사람이라는 인식을 심어주기 위해 우리는 많은 고민을 하고 표현을 수정한다.

　다른 사람들의 평가를 참고하는 것도 하나의 방법이지만, 스스로 자신의 장점을 찾아내는 것이 가장 정확할 것이다. 그렇게 찾아낸 장점을 현재의 업무와 그리고 삶을 살아가는 데 적용해서 꿈까지 다다르는 시간을 단축시키자.

'나는 할 수 있다'라고 외치자

　미국 메릴랜드주 출신의 변호사로 활동을 했고, 인간 정신 속에 있는 커다란 가능성을 여러 방면으로 연구하여 정신의학, 동양사상, 비즈니스, 인간관계 등에 폭넓은 집필 활동을 펼치고 있는 윌리엄 앳킨스. 그는 저서 『집중력 멘토링』에서 자신감과 집중력에 대해 이렇게 이야기하고 있다.

　"세상에는 '나는 못한다'라고 생각하는 습관이 밴 사람들이 있는데, 그런 사람들은 실패한다. '나는 할 수 있다'라고 생각하는 사람이 성공한다. '나는 못한다' 그룹에 낄 것인지 '나는 할 수 있다' 그룹에 낄 것인지, 그것을 결정하는 것은 바로 당신이라는 사실을 잊어선 안 된다. 마음을 어떻게 먹고 임하든 요구되는 노력의 양은 똑같다."

　많은 사람들이 범하는 잘못은 '나는 못한다'라고 할 때 사실은 '해볼 생각이 없다'라는 것과 같다는 사실을 모르고 있다. 자신이 무엇을 할 수 있는지는 해보지 않고서는 알 수 없는 법이다.

　'나는 집중할 수 없다'라는 말은 하지 마라. 그것은 '나는 집중하기를 거부하겠다'라는 말과 같기 때문이다. '나는 못한다'고 말하고 싶어졌다면 그 대신에 이렇게 말하자.

"내게는 무한한 의지가 있으며 원하는 만큼 얼마든지
사용할 수 있다."

사용할 수 있는 의지의 양은 당신이 의지를 사용하는 법을 얼마
나 훈련했느냐에 달려있다.

얼마나 우리의 정곡을 찌르는 표현들인가? '나는 할 수 없다'라
는 의미 속에는 '하고자 하는 의지도 없다'라는 마음이 내포되어
있다. '나는 할 수 있다'라는 의미 속에는 '꼭 해보고 싶다', '꼭 이
루고 싶다'는 의지도 포함되어 있다는 점이 핵심이다.

광고 중에 'Impossible(불가능한)에 점 하나만 넣으면
I'm possible(나는 가능하다. 할 수 있다)이 된다'는 카
피는 정신이 번쩍 나게 한다. '도대체 해결 방법이 없다거나 길이
없다'라는 의미의 'Nowhere'는 띄어쓰기 한 번이면 '바로 여기'
라는 의미의 'Now here'가 된다.

생각을 조금만 바꾸자. 책을 쓰거나 어떤 중요한 성과를 거두는 사
람 중에 한가한 사람이 있는가? 도저히 책을 쓸 수 없을 것 같은 바
쁜 일정의 사람들이 책을 쓴다. 바빠서 도저히 짬을 낼 수 없을 것 같

은 사람이 일을 해낸다. 무엇이든 할 수 있다, 해낼 수 있다는 긍정의 DNA를 가지고 있는 사람들이 이루는 것이다.

필자가 좋아하는 TV프로그램 중에서 '글로벌 성공시대'라는 프로그램이 있다. 한국인으로 태어나 세계 방방곡곡을 누비며 성공을 이룬 자랑스러운 한국인들의 삶의 모습과 그들의 성공하기까지의 과정을 알려 주는 아주 유익한 프로그램이다.

이 '글로벌 성공시대'에 출연한 성공을 이룬 많은 주인공들의 공통된 특징을 정리한 자료가 있어 소개하고자 한다.

1. 잠을 단시간 일정하게 잔다.

2. 이동 시간에도 책을 보거나 스마트 기기로 업무를 한다.

3. 열정적이고 역동적이다.

4. 진정성이 있고 남을 배려한다. 가진 것을 사회에 나눈다.

5. 자기 자신을 낮추고 직원들을 사랑할 줄 안다.

6. 진정으로 고객과 소통하며, 감성적으로 접근한다.

7. 모험과 도전, 새로운 것을 향해 계속 나아간다.

8. 일정을 소화하기 위해 끊임없이 운동과 자기 관리를 실천한다.

9. 작은 하나까지 신경 쓰고 성실과 인내심이 강하다.

10. 자기 일에 사명감과 재미를 찾으면서 일을 한다.

한 문장 한 문장을 처음 본 독자는 없을 것이다. 누구나 아는 삶의 실천 방법이리라. 하지만 실제로 이를 실천하는 사람은 많지 않기 때문에 성공한 사람과 일반인과 실패한 사람으로 나뉘는 것이다.

He can do, she can do, why not me?

이 표현 역시 한 번쯤은 봤을 법한데 실제 이 물음에 자신있게 답변할 수 있는 독자는 몇 명이나 될까?

오늘의 성공이 없으면 내일의 성공도 없다는 굳은 신념과 확신을 가지고 하루하루 매시간을 노력과 정열로 생활하도록 하자.

'나는 할 수 있다'라고 외치기 전에 우선 '하고 싶은 일이나 꿈'을 정하자. 그런 다음 꼭 할 수 있다라는 긍정의 DNA를 정신과 마

음속에 퍼트리자. 시간이 남아서 도저히 할 일이 없어서 멋진 성과
를 일구어 내는 사람은 없다. 'I'm possible!'의 주인공이 당신이
기를 진심으로 바란다.

10년 전의 나를
만나러 가자

필자가 예전부터 좋아하는 국내 가수 중에 '봄여름가을겨울'이라는 남성 2인조 그룹이 있다. 이 그룹의 노래 중에는 '10년 전의 일기를 꺼내어'라는 노래가 있는데 특히 가사가 마음에 들어 즐겨 듣고 있다.

내겐 더 많은 날이 있어 무슨 걱정 있을까
어제 힘들었던 순간들은 모두 지나간 것일 뿐
내겐 더 많은 날이 있어 무슨 걱정 있을까
하루하루 사는 것은 모두 기쁨일 뿐이야
오늘은 낡은 책상 서랍에서
10년이나 지난 일기를 꺼내어 들었지
왜 그토록 많은 고민의 낱말들이
그 속을 가득 메우고 있는지

지금부터 10년 전의 일기를 꺼내어 본 순간의 감회를 가사로 옮긴 것인데, 지금 다시 봐도 한 문장 한 문장이 교훈이 가득하다.
'특히 어제 힘들었던 순간들은 모두 지나간 것일 뿐이고, 내겐

더 많은 날들이 있어 무슨 걱정이 있을까?'라는 대목은 끄덕이게
하고도 충분하다. 10년 후에는 또 지금의 고민과 아픔은 또 하나의
추억으로 남을 것이다.

10년 전에 세웠던 계획 중에서 절반 아니 30%라도 제대로 실
천하고 이루었으면 지금보다 훨씬 나은 모습을 만들었을 것이다.
과거를 돌아보고 지금을 반성하고 미래의 계획을 세우자. 꼭 10년
전이 아니어도 좋다. 5년, 1년 아니 불과 3개월 전이라도 자주 돌
아보자. 그리고 계속 기록을 하는 것이다.

돌아보면 10년이라는 의미는 우리의 삶의 근간을 바꿀 수 있는
충분한 기간이기에 더욱 아쉬움과 여운이 클 것이다. 10년 전 나의
모습은 어떤 모습이었을까?

필자의 경우 30대 중반의 은행원이었다. 하지만 많은 꿈이 있
었고 그 꿈을 이루기 위해서 은행에서 계속 근무하는 것이 맞는지
늘 고민하던 시절이었다. 연월차를 내 외부에 강의를 다니고, 거의
매주 주말에도 출근해서 칼럼을 쓰고 인터넷을 접하면서 새로운
세상에 대한 눈을 떴다. 10년 후 그러니까 지금의 내 모습보다는

훨씬 높고 멋진 미래를 상상하면서 혼자 씨익 웃었던 기억이 난다.

지금의 모습에 대해서 크게 상심하거나 실망스럽지는 않다. 다만 약간의 아쉬움은 있다. 시행착오를 겪으면서 3년 정도의 기간을 허비했다고 할 수도 있고, 굳이 미화하자면 새로운 인생 경험도 했다.

그럼 앞으로 10년 후의 나를 만나러 가볼까? 지금보다는 훨씬 학식과 지식이 풍부한 신사가 되어 있을 것이다. 몸은 관리를 열심히 해서 지금과 크게 달라지지 않았겠지만, 그래도 나이가 들어가면서 피할 수 없는 잔주름이나 인생의 골은 나타나고 있겠지. 사회적으로 조금 더 높은 혹은 비중 있는 위치에 있을 것이고, 지금의 시야보다는 조금은 넓고 깊은 시야에서 걱정을 하고 해결책을 찾을 것이다.

'봄여름가을겨울'의 앨범 중에 좋아하는 또 다른 노래 'Bravo my life' 가사 중에 주옥같은 내용이 있다.

해 저문 어느 오후 집으로 향한 걸음 뒤에는

서툴게 살아왔던 후회로 가득한 지난날

그리 좋지는 않지만 그리 나쁜 것만도 아니었어

석양도 없는 저녁 내일 하루도 흐리겠지

힘든 일도 있지 드넓은 세상 살다 보면

하지만 앞으로 나가 내가 가는 곳이 길이다

Bravo Bravo my life 나의 인생아

지금껏 달려온 너의 용기를 위해

Bravo Bravo my life 나의 인생아

찬란한 우리의 미래를 위해

내일은 더 낫겠지 그런 작은 희망 하나로

사랑할 수 있다면 힘든 1년도 버틸 거야

(중략)

고개 들어 하늘을 봐 창공을 가르는 새들

너의 어깨에 잠자고 있는 아름다운 날개를 펼쳐라

필자가 가장 좋아하는 부분은 '내가 가는 곳이 길이다'라는 대목과 뒷부분의 '너의 어깨에 잠자고 있는 아름다운 날개를 펼쳐라'라는 대목이다.

낭떠러지에서 떨어져봐야 자신의 겨드랑이에 날개가 있는 것을 알 수 있다고 한다. 실패를 두려워하지 말자. 우리에게는 또 다가올 10년이 있기 때문이다. 그 10년 뒤에는 또 10년이 있고 그 이후에 또 10년이 있다.

무엇을 두려워하는가? 그 어떤 목표라도 달성하고 싶고 이루고 싶은 '꿈'을 정하고 나의 날개를 시험해보자. 내가 나를 못 믿으면 다른 사람들도 나를 믿게 할 수 없다. 아무리 어려운 상황이라도 나만큼은 나를 믿어야 한다. 우리 모두의 겨드랑이에는 늘 활짝 펼쳐질 날개가 있기 때문이다.

5장

극복하다

'해냈다' 하고
외치는 순간을 떠올리자

01

　몇 년 전 일간신문의 기사 중에 한 시각 장애인의 지구 반 바퀴 비행이 화제가 된 적이 있다. 시각 장애인을 위한 자선기금을 마련하기 위해 지구 반 바퀴를 비행 중인 영국 시각장애 조종사 마일스 힐튼-바버(Miles Hilton Barber, 55)가 그 주인공이다. 25년 전 망막염으로 시력을 잃은 힐튼-바버는 100만 달러의 백내장 수술 기금을 조성하기 위해 지난달 이 모험을 시작했다. 영국 런던을 출발해 지중해, 중동, 인도, 동남아시아를 거쳐 호주까지 56일간 19개국 2만 1700Km를 날아 시드니에 도착할 예정이라는 기사였다.

　힐튼-바버는 로이터 통신과의 인터뷰를 통해 "실명하기 전인 18세 때 공군에 들어가려 했으나 시력이 약하다는 이유로 거부당했다. 그러나 37년이 지난 지금도 나는 세계의 반 이상을 비행기로 날겠다는 꿈에 젖어있다"라고 말했다. 그는 앞이 보이지 않아 그의 비행기에는 음성장치가 달린 위성항법장치, 고도계, 속도계 등이 장착되어 있다. 비행할 때는 부조종사의 도움을 받고 있다.

　그전에도 힐튼-바버는 썰매로 남극을 400km나 달리고, 고비사막에서 만리장성까지 달리는 울트라 마라톤 완주, 몽블랑·킬리만자로 등반, 빙벽 등반, 스카이다이빙 등에 도전하는 등 장애를 극복하는 불굴의 의지를 보여왔다.

영업 교육이나 삶에 대한 마인드 교육을 할 때 바로 힐튼-바버에 대한 동영상이 많이 사용된다. 앞이 보이지 않는 맹인임에도 불구하고, 일반인들이 감히 엄두도 못 내는 많은 '해냄'을 몸소 보여주고 있는 것이다.

우리는 그의 성공을 통해 인생에서 많은 장애물들을 만날 때 어떻게 극복할 수 있는지 몇 가지 비결을 배우게 된다. 그는 인생에 대한 자신의 태도가 중요하다고 이야기한다.

힐튼-바버가 비행을 결심하게 된 것은 역시 시각 장애인인 동생이 8년 전에 남아프리카에서 호주까지 혼자 항해한 것이 큰 자극이 되었다고 하는데, 그는 그때 자신의 문제가 단순히 시각 장애의 문제가 아니라 시각 장애에 대한 자신의 태도라는 것을 깨달았다고 한다. 그래서 그는 "태도가 인생의 고도를 결정한다"라고 자주 강조했다.

또한 장애를 극복하기 위해 정보를 이용했는데, 힐튼-바버는 비행하면서 컴퓨터와 연결된 헤드폰으로 자신의 위치와 고도 등 비행 정보를 계속 듣고 무선 키보드를 이용해서 자신의 항로를 파악하며 비행했다고 한다. 우리가 활용할 수 있는 정보나 각종 수단을 얼마나 제대로 활용하고 있는지 되돌아보자.

힐튼-바버가 연설에서 가장 많이 강조한 표현은 바로 '위험한 꿈을 꾸는 자(Dangerous Dreamer)'라는 점을 우리는 기억해야 한다. 현실에 안주하고 편한 것만 추구하는 우리의 태도를 지적하는 것이다.

에베레스트 산에 오르는 등산가가 실패할 것을 두려워하면서 오르겠는가? 42.195Km를 달려야 하는 마라토너가 중간에 낙오할 것을 예상하면서 스타트 라인에 서겠는가? 언제나 '해내겠다. 해낼 수 있다'라는 생각을 하면서 시작하지 않겠는가?

"내가 시각 장애인이 되었을 때 사람들은 결코 비행하지 못할 것이라고 했는데, 사실 나 자신도 믿기 어렵다"라고 소감을 표현한 힐튼-바버는 "가끔은 시각 장애가 인생에서 큰 유익이 된다"라고 고백도 했다. 이런 그의 말을 곱씹어 보면 오히려 겉으로는 아무런 장애도 없고 멀쩡한 우리가 또 다른 장애를 가지고 있는지도 모르겠다.

작은 상처는 아무리 많아도 큰 아픔을 느끼지 못한다. 오히려 작은 상처들이 쌓여 건강에 치명적인 영향을 미치는 경우가 있는데도 말이다. 큰 냄비에 물을 가득 넣고 개구리를 담가 두고 물을 끓이기 시작하면 서서히 물이 끓기 시작하는 데도 개구리는 느끼지 못한다고 한다. 그러다가 정말 물이 팔팔 끓어 냄비 밖으로 나오려고 하면 이미 개구리의 몸은 익어서 움직이지도 못하고 죽음을 맞이한다.

잘살고 있는 독자들에게 '장애'라는 표현이 과격할지 모르겠지만, 정신적으로나 마음으로나 지금의 모습이 100% 열정을 불사르고 앞을 향해 나아갈 수 있는 체력과 정신을 갖추자. 작은 부족함이나 소소한 장애를 스스로 극복하는 '성취감을 꿈꾸는 자'가 당신이 되었으면 좋겠다.

꿈의 크기는
스스로 만드는 것

　필자는 강의할 때 '코이'라는 물고기를 자주 소개한다. 이 물고기는 자라는 환경에 따라서 그 크기가 달라진다고 한다. 즉 어항 같이 좁은 공간에 있으면 몇 cm밖에 못 자라고, 연못에서는 20cm 이상 자란다고 한다. 같은 물고기가 강물에서는 1m 이상 자란다고 하니 환경의 영향을 그만큼 많이 받는 것이다.

　여기서 '코이'라는 물고기가 자라는 환경을 '꿈'이라고 생각해보자. 어항같이 꿈이 좁고 작은 꿈을 꾸는 사람이 자라는 크기와 연못, 강물 같은 곳에서 꿈이 자라는 크기는 하늘과 땅 차이다.

　환경에 따라서 성장하는 크기가 달라지는 '코이'라는 물고기처럼 자신의 목표와 지향점을 얼마나 크고 높고 넓게 정하느냐에 따라 우리의 성공의 크기와 결과가 달라진다는 점을 잊지 말아야겠다. 코이는 자신의 환경을 선택할 수 없지만, 사람은 환경을 선택할 수 있다.

　프랑스의 한 시골마을에서 목수 아버지 밑에서 자란 루이비통은 반대를 무릅쓰고 큰물에서 성공하겠다는 일념으로 대도시인 파리로 떠나겠다고 말한다. 무일푼으로 떠난 루이비통은 여행길에

묵게 된 마을에서 청소와 허드렛일을 도와주면서 여비를 마련하여 1년여 만에 파리에 도착하게 된다. 루이비통은 당시 귀족들의 여행 가방을 대신 싸주는 '패커'의 일을 하면서 신임을 얻어 파리 한복판에 자기의 이름을 건 가방가게를 열 수 있었다. 드디어 세계적인 명품 브랜드가 탄생하게 된다.

만약 당시 루이비통이 조용하고 평화로운 한 고향 생활에 만족했다면 아버지의 가업을 이어받아 목수일을 계속했을 것이고, 세계적으로 3초 꼴로 한 개씩 팔려 '3초 백'이라고도 불리는 루이비통 가방은 세상에 나오지도 않았을 것이다.

당신의 꿈의 크기는 얼마나 되는가?
작은 어항의 크기인가?
연못의 크기인가?
광활한 강물의 크기인가?
아니면 끝이 안 보이는 바다로 비유될 수 있겠는가?
꿈이라는 바구니는 누가 만들어 주는 것이 아니라, 바로 당신이 직접 만드는 것이다.

큰 꿈을 위한
작은 실패의 극복

존 맥스웰(John Maxwell)은 그의 저서 『꿈을 이루는 10가지 질문』에서 7번째 질문으로 독자들에게 다음 질문을 던졌다.

꿈을 이루기 위해 기꺼이 대가를 치를 것인가? 히말라야의 산을 정복하는 꿈을 이루기 위해서는 많은 준비를 해야 한다. 함께 오르는 동료를 죽음으로 잃을 수도 있고, 동상에 걸려 다리를 절단하거나 한 손을 잃는 경우도 있다.

나의 꿈을 이루기 위해서는 이러한 대가를 기꺼이 받아들일 마음의 준비가 되어 있어야 한다. 그 과정에는 다양한 형태의 실패와 대가가 따르기 때문이다. 이러한 대가는 몇 가지 특징이 있다.

첫째, 실제 대가가 처음 예상했던 것보다 더 크다.

둘째, 예상보다 훨씬 더 빠른 시간에 예상치 못하게 다가온다는 것이다.

셋째, 꿈을 실현하는 대가가 그 가치보다 큰지 심각하게 고민해야 하는 시점이 온다.

이 3가지 과정을 극복해야 꿈을 이룰 수 있다.

아울러 꿈을 이루기 위해서는 대가에 대한 4가지 고민이 생긴다.

첫째, '다른 기회를 놓치지 않을까?' 하는 생각이 든다.

둘째, 여기저기서 우려의 목소리가 들린다.

셋째, '실패하지 않을까?' 하는 두려움이 생긴다.

넷째, 생각보다 많은 준비를 해야 한다.

이 4가지 대가보다 꿈의 가치가 훨씬 커야만 하고, 그 가치를 심

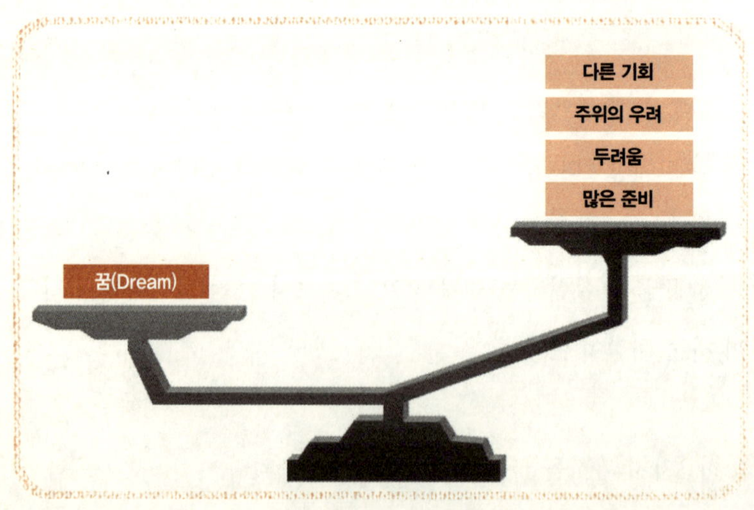

어주고 키우는 것은 본인의 100% 몫이다. 폴 호건의 '내 성공의 비밀은 할 수 있는 한 최대한 빨리 힘에 겨운 일을 계획했기 때문이다'라는 말과 토마스 페인의 '투쟁이 격할수록 그 승리는 더 영광스러운 것이다'라는 말을 언제나 기억하면서 살자.

"남자한테 참 좋은데~ 참 좋은데~ 어떻게 설명할 방법이 없네?"

어느 날 광고에 출연해서 자연스럽게 표현의 고통을 고민하던 한 회사의 대표이사가 있었다. 지금 천호식품의 김영식 회장인데, 지금은 큰 성공을 거두어서 안정적으로 회사를 경영하고 있지만 그도 한때는 자살까지 시도할 정도로 큰 실패를 맛보았다. IMF 외환위기 시절 잘못된 판단으로 잘 알지 못하는 분야에 투자해서 실패를 경험했고, 밥값이 없어 소주로 배를 채우기도 했으며, 강남역에서 전단지를 돌리기도 했다.

바닥까지 갔었던 그의 인생은 사업 자금 130만 원으로 재기에 도전하여 각종 건강식품을 히트시키며 성공의 길에 정착했다. 천호식품 김영식 회장의 인생 역전 이야기는 많은 사람들의 귀감이 되고 있다. 20억이 넘는 엄청난 빚을 청산하고, 2년 만에 100배 이상의 매출을 기록한 것이다.

이런 에피소드가 시중에 화제가 되었던 적이 있다. 몇 년 전 회사 송년회 때 한 직원이 이런 질문을 던졌다.

"회장님은 성공한 기업가이시죠?"

김영식 천호식품 회장은 이렇게 답했다.

"아직은 아닙니다. 내가 성공한 기업인이라는 소리를 들을 때는 여러분이 부자가 됐을 때입니다. 여러분의 통장에 5억 원 이상 들어 있을 때 나는 성공한 기업가라고 큰소리치고 다닐 것입니다."

이 에피소드 때문에 '천호식품 회장의 5억 원'이 포털사이트 검색순위에 높은 등수로 올라간 적이 있을 정도로 많은 월급쟁이들의 선망의 대상이 되었다.

비단 김영식 회장이 아니더라도 우리 주변에는 자수성가형 부자들이 많다. 실제로 한두 번 자살을 시도하지 않은 사람이 없을 정도로 다들 쓰라린 아픔과 실패의 경험을 가지고 있다. 절대로 실패를 두려워해서는 안 된다. 차라리 어차피 실패를 할 것이라면 한

살이라도 젊었을 때 하는 것이 낫다.

'실패는 성공의 목적지로 가는 징검다리'라거나 '실패는 성공을 위한 비료'라는 표현을 굳이 하지 않더라도 한 번에 바로 성공할 수는 없다. 어느 정도의 시행착오나 실패는 감안해야 한다. 다만 실패했을 때 받아들이는 태도에 있어서 링컨이나 김영식 회장의 마음으로 받아들이느냐, 실패가 자신의 숙명이라고 생각하고 거기서 포기하겠느냐는 당신의 판단에 달려있다. 실패를 두려워하지 말자. 적당한 실패를 통해 다양성과 주변 환경과의 조화, 내실 있는 준비에 대한 교훈을 얻는 것도 가치 있는 일이다.

애플의 설립자이자 신화적인 성공모델로 사후에도 아직까지 전 세계인으로부터 존경을 받고 있는 스티브 잡스는 실패에 대해 이런 말을 했다.

"뒤를 돌아보는 일은 그만합시다. 우리에게는 내일이 중요합니다. 뒤를 돌아보면서 '해고당하지 않았으면 좋았을 텐데…… 내가 거기 있었으면 좋았을 텐데…… 내가 그것을 했어야 하는데……'라는 말은 아무 소용이 없습니다. 어제 있었던 일들을 걱정하기보다는 내일을 새롭게 창조해 나갑시다."

스스로 행복을
생산해내자

04

　얼마 전 씁쓸한 뉴스 하나가 눈에 띄었다. 전 세계적으로 2600만 권이나 팔렸고 세계적인 토크쇼 진행자 오프라 윈프리와 유명 영화배우인 윌 스미스가 이 책을 읽고 자녀를 가르쳤다는 『부자 아빠 가난한 아빠』의 저자 로버트 기요사키가 파산을 신청했다는 기사였다. 물론 개인이 아니고 그가 소유한 '리치 글로벌'이라는 회사가 아이와밍주 법원에 파산을 신청한 것인데, 소유 회사의 파산에도 불구하고 기요사키는 큰 타격을 입지 않을 전망이라고 한다.

　「포브스」가 추정한 바에 의하면 그의 순자산은 8,000만 달러에 이르는데 리치 글로벌의 자산 가치는 몇 백만 달러에 불과한 것으로 추정되기 때문이다. 이 때문에 더 씁쓸한지는 모르겠지만, 여하튼 전 세계적으로 '부자(Rich) 신드롬'을 만들고 많은 사람들에게 돈에 대한 눈을 뜨게 해준 작가이기에 그의 뒷모습이 좋지가 않다.

　이처럼 우리 주변에는 정말 행복하고 편안한 노후를 보낼 것 같은 사람들의 뒷모습이 좋지 않아서 그들을 인생의 멘토나 선망의 대상으로 삼았던 수많은 사람들이 실망하는 경우를 종종 보게 된다.

그렇다면 끝까지 행복한 사람은 없는 것인가? 아마도 편안한 마음으로 행복해 하면서 눈을 감는 경우가 많지는 않겠지만, 그래도 전혀 없다고는 할 수 없다. 그들은 어떤 삶을 살았기에 엄청난 재산이나 사회적인 명예나 권력을 초월해서 행복하게 삶을 마감할 수 있을까?

페이스북이나 트위터 등을 보면 글쓴이의 성향이나 삶에 대한 태도를 알 수 있다. 어떤 이들은 늘 삶이나 인생 혹은 업무에 대해 불만을 쏟아낸다.

"아직 전 야근하고 있네요. 남들은 지금쯤 저녁 먹고 차 한 잔의 여유를 누리고 있겠죠? 에휴, 내 인생아!"

"토요일에 전 도서관에 틀어박혀 있습니다. 월요일 오전에 프레젠테이션을 해야 하거든요. 정말 주말만큼은 일하기 싫어요. 마지못해 앉아 있는데 바깥 날씨는 왜 이리 좋은가요?"

모든 상황이 불평불만이다. 물론 직장인도 사람이니 이 정도의 푸념은 할 수 있겠다고 애써 위안을 삼을 수도 있겠다. 하지만 이러한 아쉬움이나 부정적인 DNA가 자라고 커지면서 점점 삶 전체로 전이될 수도 있다는 점을 잊어서는 안 된다.

반대로 희망적이고 긍정적인 글을 올리는 사람들이 있다. 비가 오면 오는 대로, 주말에 출근하면 출근하는 대로, 몸이 고달프면 고달픈 대로 나름의 여유를 찾고 거기에서 오는 보람을 놓치지 않는다.

당신은 어떤 부류에 속하는가?

희망과 불안/ 긍정과 부정/ 검은색과 붉은색/ 빛과 어둠

두 가지 느낌 중에 당신은 어떤 느낌을 발산하며 살고 있는가?

팝아트의 전설적인 작가인 앤디 워홀은 이런 이야기를 했다.

"조각품은 360도, 모든 각도에서 감상할 수 있다. 하지만 인생에서 그렇게 하는 것을 잊어버리는 것, 그것이 문제이다."

자, 여기 어떤 조각이 있다. 하나의 조각품인데 보는 각도에 따라서 모양이나 색깔이 달라진다.

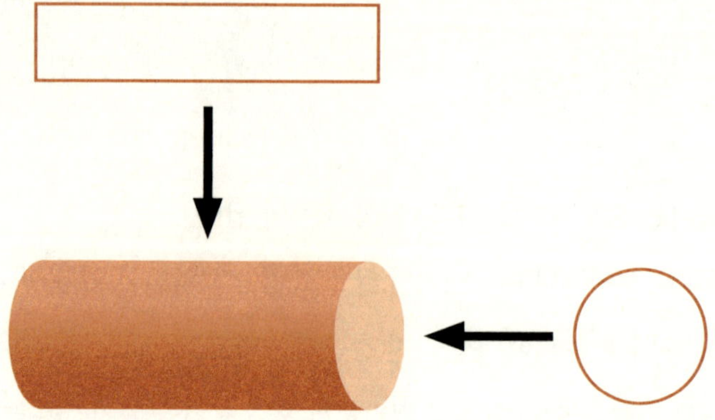

위에서 보면 원처럼 보이고, 옆에서 보면 직사각형처럼 보인다. 만약 이 원기둥을 비틀고 구부리면 아마 위와 아래 그리고 양 옆에서 봤을 때의 모습이 모두 다를 것이다. 더 강하게 구부리면 보는 각도에 따라서 수십 가지의 모습으로 보일 것이다.

우리의 인생도 이와 같다. 같은 인생인데도 어떤 위치에서 어떤 각도로 보느냐에 따라 다르게 보인다. 각도를 다르게 해보거나 높이나 위치를 다르게 해보는 것은 어떨까?

그런데 더욱 중요한 것은 인생이 이렇게 입체가 아닌 평면이라고 해도 관찰자의 기분과 마음가짐에 따라 다르게 보인다는 것이다. 똑같은 일을 겪으면서 실패라고 생각하면 실패가 되고 새로운 기회라고 여기면 새로운 길이 열린다. 스스로 행복을 만들어내는 '행복의 DNA 공장'이 되어보자.

내 인생에
불가능은 없다

　어느 산업이나 업종이나 요즘 같은 불황기는 없다고 한다. 장사를 하더라도 그렇다. 전문직이라고 해서 사법시험이나 회계사, 세무사 등 국가고시에 합격하더라도 마찬가지이다. 그게 끝이 아니라는 것을 연수원에 들어가거나 사회에 나와서 절실하게 느낀다. 물론 일반 회사원 가운데 명확한 비전을 세우고 차근차근 준비하는 극소수의 사람들을 제외하고는 대부분이 호황기는 고사하고 회사의 존폐나 각종 실적이나 평가에 노예가 되어서 살아가고 있다.

　이러한 불황기에 어느 업종보다도 힘들어지는 계층이 바로 보험 설계사들이다. 소비자들의 권익이 무엇보다도 중요시되고 있는 시기인 만큼 보험사별로 사업비의 공개 및 자산운용의 애로사항으로 설계사들의 커미션 수입은 점점 줄어들고 있고, 국내 경제의 침체로 인해서 중산층 이하 대부분의 서민들은 생계나 생활비 조달용으로 가장 먼저 해지하는 것이 보험이다. 이로 인해 보험상품의 해지율도 늘고 있다.

　여기에 보험상품은 당장 수익을 기대하는 상품이 아니라 미래의 위험에 대비하는 성격이 강하기 때문에 당장 급하지 않다는 일반일들의 인식으로 신규고객의 창출도 어려워지고 있는 현실이다.

그러다 보니 몇몇 외국계 보험사는 철수 내지는 국내 금융기관에 인수가 되고 있고, 중소형 보험사 몇 개도 M&A 시장에 나와서 주인을 기다리고 있는 실정이다. 이처럼 어려운 환경의 보험업계에서도 불가능은 없다는 신화를 보여주고 있는 이가 있다.

그는 듣지도 말하지도 못하면서도 지점에서 실적이 1등인 최정민 씨이다. 지난 2012년 3월초 조선일보에 그의 인터뷰 기사가 나간 이후, 그의 이야기는 보험업계에서 직원들 교육용으로 사용되고 있고 영업마인드를 다잡는데 큰 귀감이 되고 있다.

듣지도 말하지도 못하는 그는 수화와 필담(종이에 글로 써서 상담)으로 영업을 한다. 그의 성공스토리는 영업에 종사하는 이들 뿐만 아니라 많은 이들을 숙연케 한다. '불가능은 없다'라는 큰 명제를 우리에게 심어준 최정민 씨에게 필자 역시 큰 감동을 받았다.

현대인들은 회사와 집에서 다양한 스트레스를 받는다. 뒤처지지 않기 위해 일하고 또 일하지만 달라지는 것이 없는 것 같다. 그렇다고 손 놓고 포기한 채 시간을 보낼 수는 없지 않은가. 그러기에 인생은 너무 짧다.

『카네기 인간관계론(원제: How To Win Friends And Influence People)』이 전 세계적으로 6000만 권이 판매되면서 세계적인 작가가 된 데일 카네기는 그의 다른 저서『불가능은 없다』에서 '우리에게 불가능이 없다'라는 교훈을 여실히 알려주고 있다.

그 내용을 잠시 살펴보면 인간의 잠재 능력을 연구한 심리학자 알프레드 아들러는 '인간의 가장 놀랄 만한 특성 중 하나는 마이너스를 플러스로 바꾸는 힘이다'라고 말했다. 물론 마이너스에서 플러스로 바꿀 수 있는 방법을 찾았다고 해서 모든 괴로움이 해소되는 것은 아니다. 자신에게 맞는 실천력, 통찰력, 처세술 등을 찾는 것이 중요하다.

데일 카네기는『불가능은 없다』에서 위와 같이 강조하면서 구체적인 실천 사항을 정리해 주었는데, 그중 몇 가지만 소개하겠다.

첫째, 오늘만은 행복하자.

링컨은 대부분의 사람은 행복해지려고 결심한 만큼만 행복하다고 말했는데, 행복은 밖으로부터가 아닌 내부로부터 온다는 게 그의 지론이었다.

둘째, 오늘만은 자신을 사물에 적합하게 만들자.

사물을 자기가 바라는 대로 하려고 하지 말고 가족, 사업, 운을
그대로 받아들일 수 있는 자세가 필요하다는 것이다.

셋째, 오늘만은 몸조심하자.

운동을 하고, 몸을 아끼고, 영양을 섭취하고, 몸을 혹사시키지
말자. 그럼 몸은 내 명령에 따르는 완벽한 기계가 될 것이다.

넷째, 오늘만은 마음을 굳게 가지자.

무엇인가 유익한 일을 배워서 정신적인 게으름뱅이가 되어서는
안 된다고 강조한다. 생각을 집중할 수 있는 책을 읽는 것도 좋은
방법이다.

이 외에도 '오늘만은 3가지 방법으로 내 영혼을 운동시키자',
'오늘만은 유쾌하게 지내자' 등이 있다. 모든 준비단계나 행동의

공통점은 '오늘만은'이라는 전제를 달고 있다. 하루하루를 소중하게 생각하고, 남은 내 인생의 첫날이 오늘이라는 생각으로 최선을 다해서 생활해야 한다는 큰 교훈을 주고 있다.

아직도 막연하게 다가오거나 추상적으로밖에 들리지 않는다면 '불가능은 없다'라는 표현 앞에 이런 단어를 넣어보는 건 어떨까?

'(내가 할 수 있는 것을 실천하면) 불가능은 없다!'

조금은 약하고 한 걸음 물러난 듯한 느낌이 나지만, 본인이 할 수 있는데도 하지 않는 경우가 많기 때문에 이렇게 표현한 것이다.

할 수 있는데 왜 하지 않는가?

충분히 시간을 낼 수 있는데 왜 시간을 내지 않는가?

체력적으로 충분히 감당할 수 있는데 왜 움츠려 드는가?

할 수 있는 것부터 해보자. 시도해보자.

그러면 하지 않았다는 것에 대해서는 후회가 없지 않을까?

우리는 행복해서 웃는 거라고 생각하면 안 된다. 웃기 때문에 그만큼 행복한 것이다. 마찬가지로 행복하게 일을 하는 것도 중요하지만 일을 하기 때문에 행복한 거라고 생각해보자.

아침에 눈을 뜨는 것도 행복이요, 창가에서 상쾌한 공기를 맡으면서 기지개를 크게 켜는 것도 하나의 행복이다. 기분 좋게 출근 준비를 하고 직장으로 출근하거나, 아이들을 학교에 보내고 집안일을 하는 주부 혹은 회사에 다니는 직장인 모두 지금 그 일이나 행동을 하기 때문에 행복하다고 여기면 얼마나 삶이 평화로워질까?

하루에 딱 30번만 행복을 느끼는 습관을 만들어보자. '아, 나는 행복하다!'를 30번만 마음속으로 외치면 된다.

여유

그게 무슨 인생이겠는가.

근심만 가득 차

멈춰 서서 바라볼 시간이 없다면

양이나 젖소처럼 나뭇가지 아래 서서

물끄러미 바라볼 시간이 없다면

숲을 지나면서 다람쥐가 풀밭에

도토리 숨기는 걸 볼 시간이 없다면

한낮에도 밤하늘처럼 별 가득 찬

시냇물을 바라볼 시간이 없다면

미인의 눈길에 돌아서서 그 아리따운

발걸음을 지켜볼 시간이 없다면

눈에서 비롯해 입으로 곱게 번지는

그 미소를 기다릴 시간이 없다면

참 딱한 인생 아니랴.

근심만 가득 차

멈춰 서서 바라볼 시간이 없다면

- 윌리엄 헨리 데이비즈

6장

다시 만들다

여정 자체가
보상이다

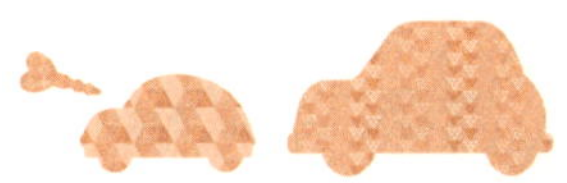

필자는 토요일 오전에는 가급적 등산을 하려고 한다. 물론 몸이 아프거나, 새벽같이 지방에 강의나 상담으로 급하게 다른 준비를 해야 할 경우에는 못하지만, 한 달에 두세 번은 꼭 집 근처 가까운 산을 오르고 있다.

처음 출발할 때에는 정상까지 오르지 않고 2~3시간이 걸리는 정도로 코스를 정해서 가는데 항상 정상까지 갔다가 내려오게 된다. 산의 30%만 오르고 내려오게끔 계획을 잡아야 부담도 없고 집에서 나서게 되기 때문이다. 그래서 가벼운 걸음으로 오르게 되는데 오르다 보면 정상까지의 남은 거리에 대한 안내판을 보면서 스스로 더 올라가야겠다는 생각을 하게 되고 늘 정상까지 가게 된다.

만약 필자가 처음부터 정상까지 오르는 것을 목표로 집에서 나온다면 준비물도 더 많이 챙겼을 것이고 마음가짐도 편안하지는 않았을 것이다. 산행도 세 번 할 것을 두 번만 하고 한 번만 하면서 등산 횟수도 그만큼 줄어들었을 것이다. 이처럼 처음부터 너무 과한 목표를 설정하거나 멀리 보는 것은 좋지 않다. 까마득한 정상을 향해 걸어가다가 지레 지치기 십상이기 때문이다.

히말라야나 에베레스트 같은 높은 산을 오를 때는 중간에 베이스 캠프(Base camp)를 이용해 중간에 쉼과 함께 장비를 정비한다고 한다.

흔히 높은 산들은 등반 기간이 길어 식량 등 많은 짐을 쌓아 두고 자주 옮겨야 하는 경우가 생기는데, 이때 대원들이 자주 또는 가끔 오래 머물러야 하는 근거지가 필요하기 때문에 베이스 캠프로 선정되는 곳은 바닥이 평탄하고 식수를 구하기 쉬운 곳이다.

어떤 목표를 정하고 하나하나 이루어 나감에 있어 지치고 힘들 때 혹은 마음먹은 결과나 나오지 않을 때 아예 포기하는 경우가 많다. 이럴 때 일수록 포기가 아닌 베이스 캠프에서 재정비를 한다고 생각하자. 잠시 쉬면서 뒤돌아보고 지금까지의 과정을 살피고 위를 보면서 앞으로 올라갈 정상이라는 목표까지의 코스를 점검하고 전략을 세우는 시간이나 과정도 중요하다.

중간 중간 쉴 수 있는 기착지의 중요성은 크다. 마찬가지로 어떤 목표를 정하고 그 목표를 달성하기 위해서는 중간 점검의 시간을 갖는 것이 좋다.

무엇을 이루느냐는 궁극적으로 인생의 목표가 될 정도로 중요하다. 하지만 하루아침에 이루어지는 것은 아무것도 없다. 두세 번의 실패와 후회가 있어야지만 궁극적인 목표에 도달할 수 있다.

이러한 기회를 단순히 '정상이 저기 보인다'는 이유로 현재까지 올라온 거리나 시간을 감안하지 않고, 점검이나 쉼 없이 무리해서 간다면 정상의 문턱에서 지쳐서 쓰러질 수도 있다는 것을 명심하자.

지겹지 않은
2시간을 만든다

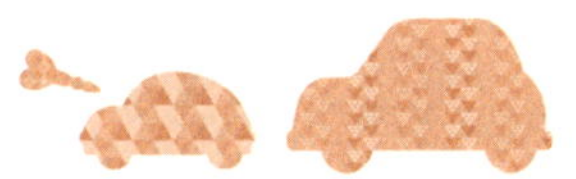

언제부터인가 '7만 시간'이라는 시간의 개념이 이슈가 되고 있다. 7만 시간에는 어떤 의미가 있을까? 여기에는 은퇴와 수명의 개념이 함께 포함되어 있다. 60세쯤 은퇴를 한다고 가정하고 약 80세까지 산다면 하루 24시간×1년 365일=8760시간이 나온다.

8760시간에 60세 은퇴, 80세까지 거동 내지 사망한다면 8760시간×20년=175200시간이 노후를 보내는 시간이고, 수면, 식사, 목욕, 가사노동 등 일상에서 꼭 필요한 시간을 제외하면 7만 여의 여유시간이 나온다는 계산이다.

각종 미디어에서는 이 시간을 어떻게 보내느냐가 노후의 행복을 결정하므로 미리 준비해야 한다고 강조한다. 현실적으로 따지면 50대에 은퇴하고, 100세 시대가 열렸으므로 우리에게 주어진 노후는 7만 시간 이상이다.

최근에 통계청에서 발표한 '대한민국 고령자 통계'자료를 살펴보면 2012년 현재 총인구에서 65세 이상 고령자가 차지하는 비중은 11.8%로 1970년 3.1%에서 지속적으로 증가하여 2030년 24.3%, 2050년 37.4% 수준에 이를 것으로 전망하고 있다. 특히 85세 이상 초고령 인구 비중은 2012년 0.9%에서 2030년 2.5%,

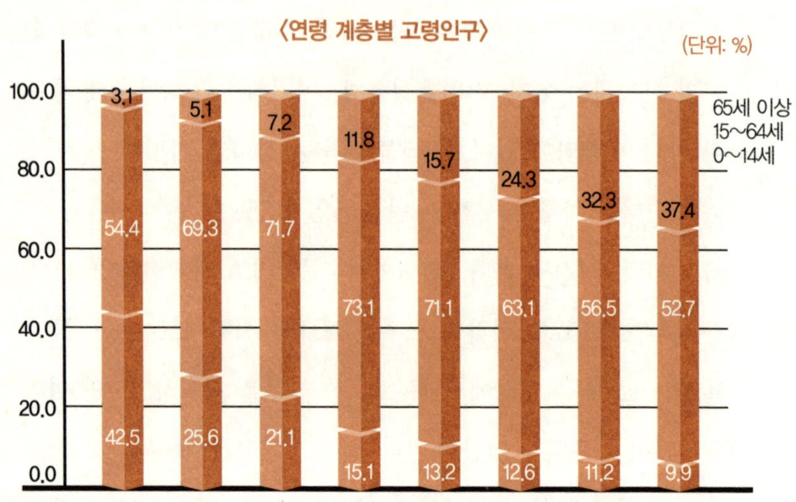

	1970	1990	2000	2012	2020	2030	2040	2050
총인구	100.0	100.0	100.0	100.0	100.0	100.0	100.0	100.0
0~14세	42.5	25.6	21.1	15.1	13.2	12.6	11.2	9.9
16~64세	54.4	69.3	71.7	73.1	71.1	63.1	56.5	52.7
65세 이상	3.1	5.1	7.2	11.8	15.7	24.3	32.3	37.4
65~74세	2.3	3.5	4.0	7.1	0.0	14.6	15.8	15.3
75~84세 (75세 이상)	(0.8)	(1.6)	2.0	3.8	5.1	7.2	12.4	14.4
85세 이상			0.4	0.9	1.6	2.5	4.1	7.7

(자료: 통계청, 「장래인구추계」 2011)

2050년 7.7%로 크게 증가할 것으로 전망했는데 앞으로 고령화 문제는 한 국가의 문제이자 전 가정에서 공통으로 느끼는 심각한 문제가 아닐 수 없다.

이러한 고령화를 개인의 문제로 보더라도 노후 생활을 어떻게 보내느냐로 구체화되면서 재정적인 준비와 함께 시간의 활용이 큰 이슈가 되고 있다.

필자의 지인 중에 모 대학교의 교수님이 계신데 부친의 연세가 93살이라고 하신다. 그런데 이 교수님의 말씀을 들어 보면 노후의 개인 시간 활용이 정말 심각하다는 것을 알 수 있다.

일단 80세가 넘어가면서부터 모든 친구가 없어진다고 한다. 아프거나 돌아가시는 경우가 많기 때문이다. 그래서 연로하신 아버님은 혼자 바둑을 인터넷으로 두시는데, 이마저 회원 가입을 할 때 1920년생이라 아무도 온라인 바둑을 상대하지 않으려 한다. 그래서 1986년생인 손자 아이디로 사이트에 들어가서 바둑을 두신다고 한다.

이처럼 노후의 7만 시간의 중요성은 재정적인 문제와 더불어 어떻게 활용하느냐가 모든 국민들의 큰 과제로 계속될 전망이다.

최근에는 이 7만 시간이 평균수명이 늘어남에 따라서 8만 시간으로 바뀌고 있는 추세이다.

'은퇴 후 8만 시간, 새로운 나의 꿈을 찾아서!'

국민연금공단이 지난해 말 은퇴 후의 삶을 미리 계획하는 '8만 시간 디자인 공모전'을 했다. 이 공모전은 '베이비 부머 은퇴' 등으로 노후준비에 대한 중요성은 높으나, 노후대비는 부족한 현실을 감안하여 이를 실천하는 사회적 분위기를 조성하기 위하여 기획되었다고 한다. 이 행사에서 국민연금 관리공단에서 제시한 이상적인 노후의 모습은 아래와 같다.

〈이상적인 노후의 모습〉

1. 물질적 풍요로움에 집착하기보다 노후생활 전반의 균형 있는 노후
2. 사회와 단절되지 않고 지역사회에 적극적으로 참여하는 활기찬 노후
3. 자녀세대나 국가에 의존하기보다 은퇴 전부터 스스로 미리 준비하는 노후

공단은 이번 공모전이 국민들의 노후에 대한 막연한 불안감을 기대감으로 전환하는 계기를 마련하고, 더 길어진 인생이 행복할

수 있도록 국민들의 노후 준비에 첫 단추가 되기를 희망한다고 밝혔다. 이 정도로 정부에서도 은퇴 후의 여가 생활이나 시간 할애에 대해 많은 고민을 하고 있다는 것을 알 수 있다.

이를 달리 해석하면 노후는 감당하기 어려운 시간 보내기의 숙제를 우리에게 던져 주고 있는 것이다.

'은퇴 후, 하루 약 10시간에서 12시간 정도 주어지는 순수한 여유 시간을 어떻게 보낼까?' 고민하지 않을 수가 없는데 필자는 당장 습관적으로 2시간의 시간을 제시하고 싶다.

40대 직장인 이창환 씨의 사례를 살펴보자.

창동역 근처의 아파트에서 거주하고 있는 그는 매일 아침 8시 30분까지 교대역 근처의 사무실에 출근하기 위해 집에서 늦어도 7시 조금 넘어서 출근한다. 하루 종일 회사일로 2~3개의 미팅과 업무를 끝내고 지친 몸을 이끌고 그가 가는 곳은 영어학원. 어느 순간 셀러던트가 되어 있었다. 막연한 미래를 준비하고자 뭐라도 해야겠다는 생각에 그가 시작한 것은 강남역에 위치한 모 외국어 학원에서 영어회화 수업을 듣는 일이다. 일주일에 세 번 수업을

듣는데, 이마저도 회사일이나 행사 때문에 출석하지 못하는 경우
가 많다.

학원을 가거나 가지 않거나 거의 퇴근시간은 밤 10시 전후. 집에
가서 옷을 갈아입고 샤워를 하면 11시. 초등학교 5학년과 3학년짜
리 아들 녀석들은 이미 잠자리에 들었고, 피곤한 몸으로 책을 보거
나 TV를 보거나 음악을 듣거나 채 30분을 못 넘기고 잠에 빠진다.

이창환 씨의 라이프 스타일을 보면 하루에 자신을 위해 소비하
는 시간이 영어학원에 가는 시간인데, 이마저도 100% 활용할 수
없으니 평일에는 자신을 위한 시간(취미, 운동, 독서 등)을 내지 못
하는 것이다.

그럼 주말은 어떠한가? 한 달 총 4번의 주말에도 두 번은 집안
의 경조사나 행사에 가고, 행사가 없을 때는 본가와 처가에 가서
저녁이라도 먹어야 한다. 또한 아이들의 학교 숙제나 체험학습차
의무적으로 고궁이나 박물관 혹은 각종 전시나 공연을 보러 가야
한다. 그리고 한두 번은 회사의 행사나 업무로 출근을 해야 한다.

'은퇴 후 8만 시간이 있으니 지금은 바쁘게 살아도 돼'라고 생각

할 수도 있다. 하지만 여유 시간을 어떻게 사용해야 하는지 살면서 습득하지 못한 사람은 오히려 그 시간이 부담스럽기만 하다.

하루에 적어도 2시간은 자기를 위해 아니 자기만을 위해 사용하자. 나이가 들면 여유 시간은 2시간에서 4시간으로, 4시간에서 6시간으로 나중에는 하루에 10시간 이상을 효율적으로 사용해야 한다.

행복을 자주 느껴 본 사람이 계속 느끼고 노는 것도 자주 놀아 본 사람이 제대로 놀 줄 안다고 한다. 시간도 마찬가지이다. 정말 바쁜 생활이라면 단 30분이라도 하루에 나만의 시간을 만들도록 노력해 보자.

그런데 하루 24시간 중에 자기만을 위해 2시간을 쓴다는 것은 말처럼 쉽지 않다. 직장인이 하루에 1시간이라도 차분하게 독서를 하거나, 헬스클럽이나 수영장 등에서 정기적으로 운동을 하거나, 퇴근해서 집에서 차분하게 음악을 듣기가 어렵기 때문이다.

2시간도 부담스럽다면 30분부터 시작하자. 잠자리에 들기 전 30분은 무조건 독서를 한다거나 배우고 싶은 분야의 책을 읽거나 연습을 한다거나 시도해보자.

'카카오톡'이라는 SNS서비스로 크게 성공한 김범수 이사회의장

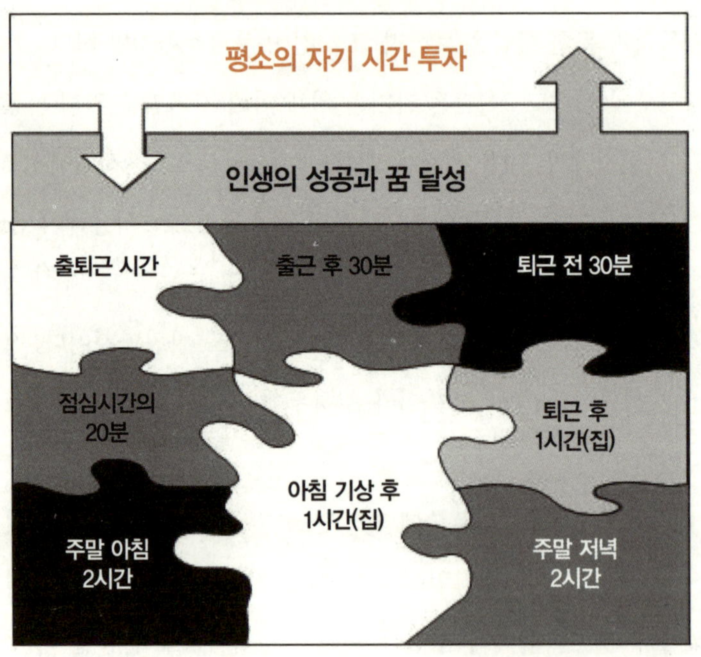

은 성공한 1세대 벤처창업가이다. 그는 국내의 독보적인 포털 사이트인 네이버를 운영하는 NHN의 공동대표 출신이기도 하다. 어떻게 보면 그는 인터넷 검색과 무료 채팅창을 만들어 사람들이 책을 읽지 않게 만드는 데에 일조한 대표적인 사람이기도 하다.

하지만 본인은 매일 아침 7시면 무조건 서재로 가서 하루도 빠짐없이 1시간 정도 독서하는 습관을 이어가고 있다고 한다. 인터뷰 기사에 따르면 지금까지 2,000권이 넘는 독서를 하였고, 매년 100~200권 이상의 책을 정독한다고 한다. 온라인 업계에서 근무하고 바쁘기로 소문난 사람이기에 화제가 되었다.

'책이야말로 나의 진정한 멘토'라고 이야기하며 책을 통해서 다양한 울림과 사색을 얻고, 하루 1~2시간만 투자해도 저자의 평생에 걸친 경험과 깊은 깨달음을 배울 수 있기 때문에 꾸준히 독서를 한다고 한다. 이처럼 자신에게 투자하는 습관이야말로 성공의 지름길이다.

지하철이나 버스로 출퇴근 하는 시간, 점심시간, 출근 후 업무시작 전 30분, 퇴근 전 30분의 활용이 인생의 성패를 좌우하는 시간이 될 수도 있다. 여기에 주말 아침시간과 차분한 한 주의 시작을 준비하는 일요일 저녁시간까지 감안하면 직장인들이 자기만의 시간을 만드는 건 그리 어렵지 않을 듯싶다.

하지만 실제로 이 시간에 대부분의 직장인들은 게임을 하거나 놓친 드라마나 쇼프로그램을 보는 데 사용한다. 일요일 저녁에는 소파에 누워 TV를 보는 데 시간을 보낸다.

타이트하게 시간을 쪼개고 쪼개면서 살라는 것은 절대 아니다. 다만 출퇴근 시간과 휴일 저녁시간 등의 활용을 효율적으로 할 수는 없을까를 고민하고 실천하자는 것이다. 평소 이러한 습관이 쌓이면 노후의 삶이 한층 빛날 수 있다는 것을 절대 잊지 말도록 하자.

30분을 몇 개월 후에 1시간으로 늘리고, 다시 2시간으로 늘려서 은퇴까지 습관을 들이도록 하자. 적어도 자신이 평생 지겨워하지 않을 일을 고민해보고 정해서 바로 실천에 돌입하자. 그 2시간이 은퇴 후에 하루 8시간 만 되어도 얼마나 행복한 삶인가. 하루에 8~10시간을 지겨워하지 않고 노후 생활을 보낸다는 것은 돈으로 환산할 수 없는 하나의 큰 행복이자 축복이다.

행운보다는
행복을 좇는다

우리는 흔히 풀밭에서 세잎클로버보다는 네잎클로버를 찾으려고 애쓴다. '행운'의 상징이라고 해서 학창시절에는 네잎클로버를 코팅해서 책갈피로 쓰거나 지갑 속에 넣고 다니곤 했다. 하지만 우리는 나중에 알게 되었다. 네잎클로버를 찾기 위해 그렇게 밟고 다녔던 세잎클로버의 의미가 '행복'이라는 것을 말이다. '행운'을 찾기 위해 '행복'을 밟고 다녔으니 아이러니가 아닐 수 없다.

'행운'과 '행복'의 차이는 무엇일까? 우선 행운은 한 방이라는 느낌이 강하다. 그래서 더 소중하고 희소성이 있다는 느낌이 강하다. 반면 행복은 여러 번 올 수 있다는 뉘앙스가 있다. 생활에서의 작은 행복이라는 표현은 있어도 생활에서의 작은 행운은 많이 쓰이지 않는다.

또한 행운에는 이타적인 느낌이 있다. 즉 내 의지가 아니라, 갑자기 주어진 선물 내지는 수혜라는 의미가 있다. 반면 행복은 조건이나 환경에서 오는 것보다는 스스로 느끼고 만족한다는 의미가 있다. 같은 상황에서도 누구는 행복하다고 느끼고, 누구는 불행하다고 느낀다는 것으로 우리는 그 차이점을 알 수 있다.

그렇다면 우리는 행운을 좇아야 하는가? 행복을 좇아야 하는가?

당연히 행복을 좇아야 한다. '행운'은 희소성이 있는 만큼 아무에 게나 쉽게 찾아오지 않는다. 또한 바로 소멸해버리는 경우가 많다. 하루아침에 부자가 된 복권 1등 당첨자 중에 상당수가 개인 파산 을 했다거나, 부부가 이혼을 하면서 그 많은 재산이 금방 복권 당 첨 전의 상태로 돌아가는 경우도 많이 보게 된다. 예기치 않은 행 운이라는 선물을 받아들일 준비가 되어 있지 않았던 것이다.

자, 그럼 이 시점에서 다시 한 번 생각해보자. 내 의사와 무관하 게 다가오는 '행운'을 마냥 기다리고 있을 것인가? 내 마음가짐에 따라 하루에도 수십 번씩 느낄 수 있는 '행복'을 챙길 것인가? 당 연히 후자의 마음가짐과 자세가 훨씬 인생을 풍요롭고 가치 있게 할 것이다. 일로써 삶으로써 막연한 '행운'보다는 소소한 '행복'들 을 쌓아나가는 것이 훨씬 피부에 와 닿는 생활의 습관이자 태도라 고 볼 수 있다.

1. 아침에 눈을 뜬다.
(여기서부터 우리는 '행복'을 느낄 수 있다. 눈을 뜬 오늘이 어

제 무수히 많이 죽어간 사람들이 그렇게 살고 싶어 하던 내일
이 아니던가.)

2. 일어나서 출근준비를 하기 위해 씻으러 욕실에 가서 거울을
본다.
(앗! 어제까지만 해도 나의 신경을 건드렸던 이마의 뾰루지가
없어졌다. 우리는 두 번째 '행복'을 느낀다.)

3. 가족들과 아침식사를 한다.
(여기서 또 우리는 작지 않은 행복을 느낀다. 가족들과 도란도
란 대화를 하면서 김이 모락모락 나는 찌개와 밥을 먹으면서
하루를 시작하는 가정이 얼마나 되겠는가?)

　　우리는 출근길에서도 행복을 느낄 수 있다. 환하게 밝아오는 아
침 햇살, 푸른 가로수길, 우연히 좋아하는 음악이 흘러나오는 거
리. 회사에서는 상사에게 실력을 인정받거나 승진했을 때, 원하는
부서로 발령이 났을 때. 퇴근 후에는 동료 또는 친구들과의 소주

한 잔에 행복하다. 퇴근길 전화기 너머로 들리는 아이의 '아빠~'라는 소리에도 우리는 행복을 느낀다.

행복은 내 마음가짐에 따라 얼마든지 다양하게 느낄 수 있다. 하루에 10번의 행복을 느끼겠다는 마음으로 생활하면 어떨까? 오전에 다섯 번, 오후에 세 번, 저녁에 두 번 무엇이 어렵겠는가? 세상 돌아가는 모든 것 하나하나가 나의 행복을 위해 돌아간다고 생각하면 그만인 것을!

후회 없는 삶을 위한
인생 방정식

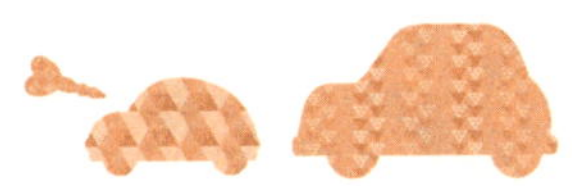

세계적으로 유명한 행동과학자 제럴드 벨 박사의 연구 중에는 흥미로운 결과가 있다. 기업의 임원으로 있다가 은퇴한 75세 이상 사람들에게 인생을 다시 살게 되면 어떻게 살겠느냐고 물었더니 다음과 같은 결과가 나왔다고 한다.

나이 75세 이상이 되어서 비로소 알게 된 것이다. 이들이 이야기하는 성공적이고 후회 없는 삶의 모습은 어떨까?

1. 좀 더 일찍 인생의 주도권을 잡고 목표를 설정하겠다. 인생은 연습이 아니라 실전이다.
2. 건강을 좀 더 돌보겠다.
3. 돈을 더 잘 관리하겠다.
4. 가족과 더 많은 시간을 보내겠다.
5. 자기계발에 더 많은 시간을 사용하겠다.
6. 더 재미있게 살겠다.
7. 경력을 더 잘 계획하겠다.
8. 더 많이 베풀겠다.

가장 많이 나온 대답은 인생의 주도권을 잡고 목표를 설정하겠다는 것과 인생은 리허설이 없는 바로 실전 게임이라는 것을 깨달았다는 것이다.

이들이 다시 인생을 살게 되면 시도하거나 해보고 싶은 삶의 모습은 일반인들과 크게 다르지 않다. 누구나 알고 있고 느끼고 있는 것들이다. 중요한 것은 이 공식들을 얼마나 절실히 느끼고 빨리 깨닫느냐이다.

지하철 첫차를 타본 적이 있는가? 버스 첫차를 타본 적이 있는가? 평일 새벽에 영어학원이나 자격증 학원 로비에서 분주함과 활기참을 느껴본 적이 있는가? 늘 그 시간에 어떤 이들은 그렇게 열심히 생활하고 뛰어다닌다. 물론 그 시간에 이불 속에 뒤척이며 게으름을 피우고 있는 당신을 훈계하는 것은 아니다. 다만 그렇게 치열하게 살고 있는 사람들이 많다는 것을 명심하자.

필자는 가끔 새벽 5시 40분에 지하철 4호선 첫차를 타고 동대문 역사문화공원역에서 2호선으로 갈아타 삼성동에 있는 사무실

로 출근을 하는데, 지하철 2호선과 5호선의 환승역인 동대문 역사
문화공원역의 갈아타는 계단은 새벽 6시가 채 안된 시간인데도 늘
북적인다. 밤을 하얗게 샌 경비아저씨와 청소하시는 아주머니가
대부분이고, 출근 전 학원을 가거나 급한 일로 혹은 회의로 일찍
출근하는 직장인들이다.

필자는 출근시간에 매일 작은 자극을 느끼는데, 이러한 느낌이
느낌으로 끝나는 것이 아니라 실천을 통해 그들의 부지런함과 열
정에 동참하고 있다는 자체가 큰 기쁨이고 보람일 때가 많다. 물론
직업의 특성상 어쩔 수 없이 새벽같이 서두르는 사람도 있지만, 그
사이사이에 충분히 자극받을 만큼 인생을 열심히 개척하는 사람
들도 많이 있다는 것을 보자.

'맛있는 음식의 핵심에는 '숙성'이라는 단어가 있고, 탁월한 상
품의 핵심에는 '완성'이라는 단어가 있으며, 성숙하고 행복한 사람
에게는 '반성'이라는 단어가 있다'라는 말이 있다.

위의 설문 내용처럼 '75세가 되어 느낀 것들을 더 일찍 깨달았
으면 얼마나 좋았을까?'라고 생각하는 것도 하나의 반성이고 좋은

징조이니, 지금이라도 나의 인생과 미래의 꿈을 위해 준비하고 실
천하도록 하자.

정말 바빠서 할 수 없는지
다시 생각해보자

05

지금으로부터 십여 년 전 모 신문사의 인터넷 사이트에 눈에 띄는 기사가 있었다.

2002년 4월 21일. 서울 반포동 한 아파트에서 투병 중인 80대 아버지가 아들에게 유언 아닌 유언을 했다.

"아들아, 나는 이제 가야겠다. 그런데 너는 내가 왜 죽는지 아니?"

"아버지, 금방 회복되실 거예요. 왜 그런 말씀을 하세요? 그런데 만약 돌아가신다면 몸이 아프셔서 돌아가시겠죠."

"아니다. 심심해서 죽는다. 너도 늙어봐라. 늙으면 진짜 할 일도 없고 심심해 죽겠다. 그래서 세상을 뜨는 거야. 더 재미있는 게 없나 하고."

다음 날 아버지는 숨을 거두었다. 그제야 아들은 그게 유언이었음을 깨달았다. 이 이야기의 주인공(아버지)은 연세가 지긋하신 분들은 아실 만한 국민 만담가 장소팔 선생이다.

고(故) 장소팔(1922~2002) 선생, 그는 유언도 만담(漫談)처럼 남기고 떠났다. 그의 이름 역시 만담 소재였다. 만담가로 데뷔하면서

부터 사용한 '장소팔'이라는 예명은 '어머니가 장에 소 팔러 갔다가 낳았다'는 말에서 따온 것이다.

타고난 만담꾼인 그는 한국전쟁 이후 암울했던 시절, 입담 하나로 서민들을 울리고 웃겼다. 그의 본명은 세상을 세운다는 뜻의 장세건(張世建). 이름대로 그는 80평생 만담으로 세상에 웃음을 전했다.

'심심해서 죽는다'라는 유언을 남기셨다는 글을 읽으며 다시 한 번 마음속에 무거운 무언가가 쿵 하니 내려앉는 느낌이다. 우리 주변에는 '먹고살기 바쁘다'는 말을 입에 달고 사는 사람들이 많다. 물론 예전보다 살기 팍팍해진 것은 사실이다. 시도 때도 없는 구조조정에 인력을 효율적으로 운용한다는 명목하에 개인들이 처리해야 할 업무가 예전보다 늘어났다.

하지만 이러한 외중에서도 자기가 하고 싶은 일을 하면서도 남들보다 여유로워 보이는 이들이 있다. 이들이 바로 시간을 지배하는 사람들이다. 자, 여기 시간관리에 대한 훌륭한 교훈을 주는 사례가 있다.

예전에 모 철강회사의 CEO가 효율적인 시간 활용법에 대해서

아이디어 공모를 했다. 당시 한 경영컨설턴트에게서 아래와 같이
적힌 우편물이 왔다고 한다.

지금부터 제가 하라는 대로 따라 해주십시오.

1. 백지 한 장을 책상 위에 펼쳐 놓으십시오.

2. 내일 할 일들을 생각나는 대로 다 적으십시오.

3. 중요하다고 생각되는 순서대로 번호를 매기십시오.

4. 일어나면 먼저 해야 할 것들의 순서를 정하십시오.

5. 순서 매긴 대로 따라 시작하십시오.

• 일이 처리되었으면 그 일에 줄을 그으면서 성취감을 느끼십
시오.

• 일이 미흡하거나 끝까지 못했어도 마음에 두지 마십시오.

• 못한 것은 다음날 계획에 넣으면 그만입니다.

• 계획했던 것보다 일찍 끝나서 시간이 남으면, 그 다음에 할
일 가운데 중요도가 높은 일부터 하십시오.

• 시간이 남아도 중요도가 떨어지거나 의미 없는 일은 하지

마십시오.

· 업무와 관련되었지만 중요도가 떨어지는 일은 가능한 한 부하직원에게 위임하십시오.

이 방법을 매일 시도하고 효과를 보시면 그 가치를 당신이 정한 후 사례를 해주십시오.

몇 주 후에 이 경영컨설턴트는 철강회사 CEO에게 2,500만 달러를 받았다고 한다.

1930년대의 일이니 그 당시 금액으로는 상상을 초월하는 액수였고, 그 CEO는 이 방법대로 실천해서 회사를 세계적인 회사로 키웠다고 한다. '2,500만 달러짜리 시간관리 쪽지'로 유명한 이 실화는 시간관리의 정점이라 할 수 있다.

'꿈'을 눈에 보이지 않는 무형의 목표라고 생각하는 사람들이 많다. 만약 꿈을 하고 싶은 일, 갖고 싶은 것을 갖는 것, 가고 싶은 곳을 가는 것으로 표현한다면 피부에 와 닿을 것이다.

꿈을 이루기 위해서는 매일 마음속으로 '잘될 거야!'라는 다짐, 준비와 실천이 필요하다. 행동으로 옮기는데 필요한 것이 효율적인 시간관리이고, 시간을 지배하지 못하는 사람은 절대로 성공할 수 없다는 원칙은 누구나 잘 알고 있다.

위 사례에서 언급한 2,500만 달러짜리 시간관리법을 오늘부터 실천해 보는 것은 어떨까? 매일매일 출근해서 첫 일과를 메모지에 오늘의 할 일을 적는 걸로 시작하고, 매주 월요일은 이번 주에 할 일, 매월 첫 출근 시에는 이번 달에 할 일을 수첩과 메모지에 적어놓고 책상 앞에 붙여놓고 지워나가면서 느끼는 희열을 맛보도록 하자.

감당할 만큼만
고난을 주는
친절한 신

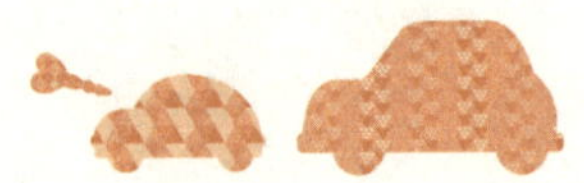

‘아이돌 가수’나 ‘아이돌 배우’ 혹은 ‘아이돌 출신의 누구’라는 식으로 ‘아이돌’이라는 표현을 미디어에서 자주 접할 수 있는데, 이들이 노력한 과정을 살펴보면 하루아침에 스타가 된 사람은 드물다.

연습생으로 몇 년, 앨범 발매를 위한 준비 몇 년까지 감안하면 많은 시간의 준비와 기다림이 현재의 자리까지 오게 만든 것이다. 그런데 간혹 그 기다림을 못 참고 팀을 탈퇴하거나, 연예인의 꿈을 접어 주위의 기대를 저버리는 경우도 많다.

최근에는 청소년들의 자살이 부쩍 늘고 있다. 부모님과의 마찰로, 성적에 대한 부담이나 비관으로, 친구들과의 문제로 소중한 삶을 마감하는 청소년들이 많아서 안타깝다.

필자는 가끔 이런 생각을 한다. 내가 만약 1950년 6·25전쟁 때 어린 시절을 보냈으면 어떠했을까? 내가 만약 일제 강점기에 태어나서 인생의 절반 이상을 식민지하에서 살았으면 어떻게 되었을까? 등을 생각해 보는데, 물론 닥치면 어떻게든 살았겠지만 지금의 생활과 비교해 보면 아찔하다. 그래서 그 시절에 태어나서 그 어려운 시기를 보내신 우리 부모님 세대에 무한한 존경을 느낀다.

　신은 인간에게 감당할 만큼의 고난만 주신다고 한다. 절대로 감당할 수 없는 고난은 주지 않으신다고 한다. 그런데 인간은 장애물을 만나면 쉽게 포기하고 좌절하고 무너진다.

　프랑스의 사상가인 파스칼은 이런 얘기를 했다.

　'우리는 매일 먹고 또 잠을 자지만 지치지 않는다. 굶주림과 피로가 새로 오기 때문이다. 만일 평화와 행복만이 계속된다면 우리의 정신은 금방 지쳐버리고 말 것이다. 고통은 정신의 양식이다. 사람에게 고통이 없다면 극히 무능력한 상태가 될 것이다.'

　'젊어서는 고생도 사서 한다'라는 말의 의미 속에는 파스칼의 이러한 정신과 일맥상통하지 않을까 싶다.

　매일 먹고 잠만 잔다면 얼마나 지루하고 고루한 생활이겠는가? 긴장과 고난 속에서 자신의 한계에 부딪치고 극복하면서 느끼는 성취감과 보람도 우리는 인정해야 한다.

　미국의 가장 큰 영화 시상식인 오스카상의 가장 큰 상인 '빅5'는 작품, 감독, 남우주연, 여우주연, 각본상을 말하고, 그랜드슬램은 각본을 뺀 나머지 네 상을 수상한 작품을 뜻한다고 한다.

참고로 빅5를 모두 수상한 영화는 3편밖에 없다고 하는데 1935년 〈어느 날 밤에 생긴 일〉이 최초이며, 1976년 〈뻐꾸기 둥지 위로 날아간 새〉와 1992년 〈양들의 침묵〉을 들 수 있다.

아카데미상에는 일반 부문의 시상 외에도 아카데미 협회 이사진으로 구성된 심사위원단에 의해 수상이 결정되는 과학기술상, 명예상, 특별상 시상도 있다. 그중에서도 가장 중요한 상은 오랜 세월을 가장 창조적인 작품들을 만들어내기 위해 힘쓰고 그러한 작품들을 제작해온 제작자에게 주는 '어빙 G 탈버그상'이다.

또 다른 상인 '진 허숄트 박애상'은 영화업계에서 가장 인도주의적인 공로를 많이 세운 개인에게 수여된다. '골든 E. 소이어상'은 영화계의 기술적 발전에 그 공로가 큰 개인에게 수여하고 있다고 한다.

어빙 G 탈버그, 진 허숄트, 골든 E. 소이어상은 매년 정규적으로 수여되는 것은 아니고, 각 공로가 인정되는 업적이 있을 때에만 아카데미 임원진들의 선택에 의해 수여된다.

그런데 우리나라의 영화제에는 있는데, 미국의 아카데미 영화제에는 없는 수상 부문은 있다고 한다. 바로 ‘신인상’이다. 그럼 미국의 아카데미상에는 왜 신인상이 없을까? 신인의 기준이 모호하기 때문이라고 한다. 관객들에게는 갑자기 혜성처럼 나타나 영화의 대성공으로 높은 인기를 누리고 큰 성공을 거둔 것처럼 보이는 배우라도 그의 경력을 보면 수많은 단역과 조연을 거치면서 연기력을 쌓고 인정받으면서 현재의 자리까지 왔기 때문이다.

그만큼 고생을 안 한 사람이 없는데 누구를 골라서 ‘신인상’을 준다는 것이 모순적이라고 그들은 생각하는 것 같다.

나만 지금 힘든 것이 아니다. 깊게 대화를 나누다 보면 누구나 겉으로는 웃으면서 명랑하게 생활하지만, 저마다의 고민과 어려움을 안고 살아가고 있다.

다른 사람들도 모두 그러하니 무조건 참으라는 이야기는 아니다. 다만 감당할 수 있는 정도가 오는 거라고 생각하고 어떻게 하면 극복하고 이겨 낼 수 있는지를 먼저 생각하도록 하자.

투자에 있어서는 절대로 낙관론자가 되면 안 된다고 하는데 인생에서는 충분히 낙관론자가 되어도 무방하다.

'잘될거야. 잘되겠지. 꿈을 꾼만큼 이루어지겠지'라는 자신의 다짐을 습관화하면서 생활하도록 하자.

이 세상에서 가장 행복한 사람은 '자기 자신을 믿고 누구보다 자신을 사랑하는 사람'이라고 한다. 내가 나 자신을 얼마나 믿고 의지하며 사랑하는지 누구도 알 수 없다.

오직 나 자신만 알 수가 있기 때문에 이러한 '셀프사랑'을 통한 고난과 어려움 극복의 에너지를 얻도록 하자.

꿈 너머의
또 다른 꿈

　최종엽 작가의 『블루타임』이라는 책에는 꿈에 대해서 나이대별로 잘 정리해 놓은 부분이 있다.

　열세 살에 선택하는 꿈은 아름답다.

　스무 살에 선택하는 꿈은 힘이 있다.

　서른 살에 선택하는 꿈은 진지함이 느껴진다.

　마흔 살에 선택하는 꿈은 소중함이 배어 있다.

　쉰 살에 선택하는 꿈은 간절함이 서려있다.

　예순 살에 선택하는 꿈은 인생이 깔려있다.

　일흔 살에 선택하는 꿈은 자연의 모습이 담겨있다.

　여든 살에 선택하는 꿈은 죽음조차 멀어지게 한다.

이것을 필자의 버전으로 다시 각색하자면 이렇게 정의할 수
있다.

열세 살에 선택하는 꿈은 끝이 없다.

스무 살에 선택하는 꿈은 희망과 함께한다.

서른 살에 선택하는 꿈은 구체적으로 변하며

마흔 살에 선택하는 꿈은 가족과 함께 공유한다.

쉰 살에 선택하는 꿈은 곧 이룰 꿈이고

예순 살에 선택하는 꿈은 이미 가지고 있는 꿈이다.

일흔 살에 선택하는 꿈은 자식들에게 물려줄 꿈이고

여든 살에 선택하는 꿈은 다른 사람들의 귀감이 되는 꿈이다.

필자 나름대로 조금은 현실적으로 옮겨보았다. 10대에 꾸는 꿈은 무궁무진하다. 누구는 대통령이 되겠다고 하고, 과학자나 혹은 소설가, UN사무총장까지 다양하면서 폭넓은 꿈을 가질 수 있는 어떻게 보면 인생에서 가장 행복한 시기가 아닐까 싶다.

20대에 꾸는 꿈은 희망을 함께 가지고 있다. 학교를 졸업하고 취업하면서 사회생활을 시작하게 되는데, 미래가 보이지 않아 막막하기는 하지만 앞길이 창창하고 밝다.

우리가 직장에서 직원들과 식사를 하거나 차 한 잔을 하거나 하는 얘기 중에 무엇을 준비하고자 할 때 부장님이나 과장님이 흔히 사용하는 표현이 있다.

"내가 김 대리 나이만 되었어도 시도했다."

"내가 이 주임 나이만 되었어도 당장 그거 시작했다."

바로 그 김 대리, 이 주임의 나이가 지금 여러분의 나이일 수도 있다.

　30대에 꾸는 꿈은 20대에 꾸었던 꿈보다 구체적이고 현실적이다. 회사에서의 입지, 재산, 새로운 일에 대한 욕심 등이 이때 꾸는 꿈에 반영이 된다. 즉 막연한 무엇이 되겠다거나 흐릿한 꿈이 점점 구체화되고 수치화되는 시기라고 보면 된다.

　40대에 꾸는 꿈은 가족과 함께 한다. 보통 30대 초반에 첫아이를 낳고, 40대에는 중·고등학교 학부모가 된다. 둘째까지 태어나면 더더욱 꿈은 가족을 배제할 수 없게 되어버린다. 즉, 배우자와 아이들의 꿈까지 감안하여 반영해야 한다. 나 혼자만의 몸이 아니기 때문이다. 간혹 아이들의 꿈이나 진로를 위해 자신의 꿈을 잠시 늦추거나 포기하는 경우도 있다.

　50대에 꾸는 꿈은 조직생활을 마무리하고, 새로운 인생에 대한 준비를 해야 하는 시기이므로 기존에 꾸었던 꿈을 실제로 실현하는 시기이다. 즉, 꿈을 이루거나 거의 만들어 놓는 시기이다. 만약 이 시기에 꿈을 이루지 못하면 원래 목표와 멀어지는 경우도 많기 때문에 50대에 이룬 꿈은 남은 인생에 중요한 의미로 다가오게 된다.

60대에 꾸는 꿈은 50대에 이루어 놓은 꿈에 살을 붙이거나, 일부 조정한 이미 가지고 있는 꿈이라고 볼 수 있다. 물론 이 시기에 새로운 꿈을 꾸고 새로운 도전을 시작하는 많은 분들도 계시지만, 대부분 60대가 되면 기존에 꾸었던 꿈들에 대한 정리작업을 하거나 마무리를 한다. 이미 이루어 가지고 있는 현재의 꿈을 어떻게 조정하고 재구축해서 무너지지 않는 튼튼함을 만드느냐가 관건이라고 생각된다.

70대에 꾸는 꿈은 자식들에게 물려주는 꿈이고, 80대에 꾸는 꿈은 다른 사람들의 귀감이 되는 꿈이라는 의미는, 70대에 꿈과 재산의 대물림과 함께 80대 이후의 많은 사람들의 교훈이 되고 귀감이 되는 꿈을 꾸자는 것을 강조한 것이다.

'76세 회장님과 21세 산골 아가씨'라는 제목의 신문기사가 얼마 전 눈에 띄었다. 방송대 최고령·최연소 졸업생인 성준경 씨와 김은수 씨에 대한 기사였다.

성준경 씨는 "제가 20년 전 현장에서 임원으로 뛰던 해에 태어난 젊은이와 대학 동기라니, 허허! 기분이 좋네요. 영광입니다"라는 인사로 인터뷰를 시작했는데, 이 성준경 씨는 바로 필자가 20여 년 전 은행에 입사했을 당시 임원으로 근무했던 분이다.

당시 신입사원이었던 필자에게는 하늘 같은 존재였고, 그림자조차 못 밟을 정도로 권위가 있었던 걸로 기억한다. 최근까지 한 컨설팅회사의 회장을 지낸 성준경(76) 씨는 지난 2010년 방송통신대 일본학과로 편입, 이달 말 학교 문을 나서는 졸업생 5300여 명 중 최고령이라고 한다.

"하루하루 매순간 충실하며 사는 게 행복이라고 생각합니다. 앞으로도 계속 많은 걸 보고 느끼며 살고 싶습니다."

그는 지난 50여 년간 한 번도 일을 쉬어본 적이 없다. 서울대 경제학과 56학번으로 졸업 후, 당시 최고 직장으로 꼽히던 한국은행을 거쳐 1983년부터 은행과 리서치 회사 등의 CEO로 활동했다. 직장생활 중 시장조사, 은행경영 등에 관한 책을 쓰고, 일본책을 번역하기도 했다. 2005년에는 전국 최고령자로 경영학 박사학위를 받았다.

지금도 "여전히 새로운 세계가 눈앞에 열리는 걸 느낀다"라고 이야기하면서 환하게 웃는 그의 인터뷰 기사를 보면서 꿈이라는 말은 나이를 초월한 것이라는 생각이 들었고, 지금이라도 늦지 않았다는 열정을 느끼게 해주었다.

꿈은 하나가 아니다. 20대에 꾸는 꿈과 30대에 꾸는 꿈이 달라지기도 하고, 새로운 꿈이 생기기도 하며, 일부 수정이 되기도 하기 때문이다. 꿈은 인생에서 끊임없는 추진력을 만든다.

하지만 "나는 전직을 많이 하다 보니 후회도 된다. 무조건 많은 것을 하기보다는 자신에게 꼭 맞는 것을 찾아 파고드는 것이 중요하다"고 얘기한 성준경 씨의 마지막 당부를 우리도 꼭 실천하도록 하자.

7장

지금부터가 진짜 시작이다

떳떳한 아빠와 엄마로
거듭나다

01

사업에 실패하고 빚더미에 앉은 채, 아내마저 병마에 빼앗기고만 지독히도 불행한 사나이가 있다. 그런 그가 아픔을 견뎌가며 택시 운전을 하는 것은 아직 어리고 철없는 아이들 때문이라고 한다. 늘 운전석 앞에 놓인 가족사진을 보면서 힘을 얻고 한 푼이라도 더 벌기 위해 눈이 오나 비가 오나 택시를 몰고 도시를 누비고 있다. 그러던 어느 날, 한 아주머니 승객이 그만 봉투를 두고 내리게 된다.

"어? 이런, 아주머니! 아주머니!"

황급히 불렀지만, 아주머니는 이미 바쁜 걸음으로 사라져버렸다.

할 수 없이 봉투를 들고 안을 들여다보는 순간 그는 뛰는 가슴을 진정시킬 수 없었다. 봉투 안에는 꽤 많은 돈다발이 들어있었기 때문이다.

'이 돈이면 인생이 달라질 수도 있는데, 이 돈만 있으면……'

하지만 잠시 생각에 잠기다 그가 택시를 다시 몰고 간 곳은 인근의 파출소였다. 잠시 후, 경찰에서 연락을 받은 돈 주인이 황급히 달려왔다. 고맙다고 어쩔 줄 모르며 인사를 하는 아주머니에게 그는 담담히 얘기했다.

"반나절 동안, 천국과 지옥을 열두 번도 더 왔다갔다 했는데, 이제 후련하네요."

그는 끝내 단 한 푼의 사례금도 받지 않았다. 그는 무엇보다도 아이들에게 떳떳한 아빠로 남고 싶었다고 했다.

— 〈TV동화세상〉 중에서

필자의 아버지는 자영업을 하셨다. 때문에 비가 오면 비가 오니까, 눈이 오면 눈이 오니까, 추우면 추우니까, 더우면 더우니까 집에서 늦게 나가시거나 하루를 쉬는 경우도 가끔 있었던 걸로 기억한다. 아버지께서 집에서 쉬는 날은 여지없이 어머니와 다투거나, 동네 친구 분들과 술 한잔을 하고 얼큰하게 취해 들어오시는 경우가 많았다. 어린 마음에 참 그런 아버지의 모습이 싫었던 걸로 기억한다. 월급이 얼마인지는 모르겠으나, 매일 아침마다 정장을 입고 출근하는 아빠를 둔 친구들이 부러웠다.

'떳떳하다'는 단어의 사전적 의미는 '굽힐 것이 없이 당당하다'이다. 당당하다는 것은 부끄러움 없이 위축됨이 없이 자신 있다는 의미이다. 따라서 '떳떳한 부모'에는 '자식들에게 항상 자신감 있고 당당한 부모'라는 뜻이 내포되어 있다.

자식들에게 부끄러운 부모는 어떤 부모들일까? 명확한 기준은 없겠지만, 적어도 많은 재산을 가지고 있지 않다거나, 외모가 볼품없다거나, 장애가 있는 부모의 모습은 아닐 것이다.

그렇다면 떳떳한 부모란? 위에 사례로 나온 택시 기사처럼 내 양심에 가책이 없는 모습이나, 최선을 다해 성실하게 사는 모습에서 우리가 찾는 떳떳한 부모의 정의를 내리는 것이 맞지 않을까?

아이들 앞에서 열심히 사는 모습을 보여주자. 아이는 부모의 모습을 보고 미래를 그린다. 필자의 어린 시절에도 한여름에 아버지의 셔츠에서 나오는 땀냄새가 참으로 좋았고, 아버지와 어머니께서 부동산이나 적금 등 미래를 위해 투자나 돈의 운용에 대해 상의하실 때가 참으로 좋았던 걸로 기억난다.

퇴근 후, 집에 오면 부부 간에 대화를 얼마나 하는가? 머리스타일이 바뀌었다든가, 살이 빠졌다든가, 몸이 어디 불편하다든가, 식습관이 변했다든가 등 제일 먼저 알아주는 사람이 남편과 아내이어야 하지 않을까? 이러한 모습에서 아이들은 상대에게 관심을 주는 법을 배우고, 정을 느낀다고 한다.

무뚝뚝하고 권위를 내세우는 것이 가장의 위신이었던 시대가 있었다. 하지만 요즘에는 전혀 그렇지 않다. 중국에서는 대부분 식사를 밖에서 하는데, 가끔 집에서 먹을 때도 남편이 앞치마를 두르고 요리를 한다고 한다. 요리 실력도 아내보다 남편이 더 좋아서 여자의 쉬는 모습과 주방에서 요리하는 남편의 모습이 자연스럽다고 한다. 중국의 이런 모습들이 아직 후진국이기 때문에 그렇다고 치부하기에는 우리 자신이 너무 부끄럽지 않은가?

떳떳한 부모가 되기 위한 3가지 방법과 습관으로 다시 한 번 자식들에게 지금보다 더 당당함을 보여주도록 해보자.

1. 성실하고 열심히 사는 모습을 보여주자.

초등학생 아이들에게 부모님을 그리라고 할 때 잔소리하고 인상 쓰는 엄마의 모습과 하품하고 소파에 누워있는 아빠의 모습이 제일 많다고 한다. '아차!' 싶겠지만 이제는 돌이킬 수 없는 우리의 모습이다. 열심히 일하고 미래를 준비하는 부모의 모습으로 바꾸기 위해 부단히 노력하자. 아이들에게 소파와 한몸이 되어버린 아빠의 모습을 계속 남겨주고 싶지 않다면 말이다. 혹은 아이들에게 공포영화에나 나올 법한 흐트러진 머리에 한 손에는 칼을 들고 인상을 쓰고 있는 엄마의 모습을 남겨놓고 싶은가?

2. 서로를 위하고 존경하는 모습을 많이 보여주자.

세상에 안 싸우는 부부는 없다. 하지만 이런 모습조차 아이의 인성(人性) 형성에 영향을 끼친다는 것을 잊지 말자. 부부가 서로 존중하는 모습을 보고 아이들은 예의범절을 배우고, 싸움에서 폭력성이 길러진다고 한다.

단란한 가정, 행복이 충만한 가정, 가족과 형제 간에 우애와 사랑이 돈독한 가정을 꿈꾸면서 내가 먼저 솔선수범해서 그 꿈을 깨고 있지 않나를 깊게 생각해봐야 하겠다.

3. 노후준비를 스스로 한다.

'평생 허리가 휘도록 자식 놈 먹이고 가르쳐 놨는데, 늙어서 아무것도 못하면 자식 덕을 좀 봐야 하지 않아?'

설마 요즘에도 이렇게 생각하는 부모들은 없을 줄로 믿고 싶다.

늙어서는 자식에게 절대로 손을 벌리지 않겠다는 생각으로 준비를 해야 한다. 필자가 강의 등 교육을 하면서 많이 강조하는 부분인데, 3대 연금(국민연금, 개인연금, 주택연금)을 통해서 월 500여 만 원은 수입이 들어오게 준비하자는 내용이다.

호황기는 고사하고 불경기가 고착화되어 버린 것을 감안하면, 앞으로 점점 자립해서 한 가정을 이루고 이 사회에서 역할을 하기가 호락호락하지 않을 것이다. 따라서 노후 준비를 스스로 해놓는다면 이다음에도 존경받는 부모가 될 것이다.

100세 시대로 고령화사회가 정착되면서 너도나도 노후에 대한 준비에 바짝 긴장하고 있는 요즘, 이제 겨우 다 키워났다고 생각했던 자식이 갑자기 더 공부를 하겠다거나 사업이나 장사를 해보겠다고 손을 벌리는 경우는 다반사이다.

그나마 부모가 소유한 부동산 혹은 기타 자산을 어떻게 알았는지 대출이나 신용에 문제가 생길 수 있다는 이유로 버젓이 부모에게 도움을 요청하는 경우도 많다고 한다. 자식의 신용에 문제가 생기거나 감옥에 간다고 하면 어느 부모가 집문서를 안 내놓겠는가? 오죽하면 젊어서는 자식 키우는 재미에 살더라도 늙어서는 그 자식 피해 다니라는 말이 나오겠는가? 이런 판국에 부모가 여유는 고사하고 자식에게 의지할 수밖에 없는 상황이라면 그것보다 비참한 경우는 없다고 하겠다. 100세 시대가 열린 지금, 이왕이면 유전(有錢) 장수를 하는 것이 낫지 무전(無錢)장수를 하면 되겠는가?

1983년 5월 4일 동아일보에는 '문제아(問題兒)보다는 문제부모(問題父母)가 더 많다'는 가정의 달 특집 기획기사가 있었다. 겉으로 보기에 '정상', '모범'을 자부하는 가정에서도 자녀에게 명문대 입학을 지나치게 강요하거나, 부모의 역할에 문제가 있어서 가족 간의 사랑이 깨지는 경우가 많다는 내용이다.

모든 불행이나 문제의 씨앗을 자식이나 다른 데에 돌리지 말고 떳떳하고 당당한 부모의 모습으로 거듭나기 위해 고민해보자. 실천할 수 있는 부분은 실천하는 적극성이 필요한 요즘이다.

60세 정년퇴직을
반대하며

　제목만 본다면 돌 맞을 듯한 사회 분위기지만, 20여 년 이상 은행과 금융, 경제, 교육 분야에서 일을 한 필자의 경험을 토대로 사견을 피력하고자 한다.

　얼마 전 모 일간신문에 이런 기사가 나왔다.

　'쉰세 살에 퇴직해 일흔한 살까지 일하는 불쌍한 한국 노인들'

　쉰세 살에 은퇴하는 건 충분히 그럴 수 있다고 하는데, 일흔한 살까지 일하는 노인들이 불쌍하다는 표현에는 동의할 수 없다. 오히려 70세 이후에도 일을 한다는 건 행복이 아닐까? 생계를 위해 어쩔 수 없이 3D업종에 종사하는 것이 아니라면, 발상을 전환해볼 필요가 있다. 기사의 내용에도 나와 있듯이 우리나라 근로자의 평균 퇴직 연령은 53세로 세계에서 가장 낮은 편이라고 한다.

　53세의 한창 나이에 1차 은퇴를 하는데, 은퇴 준비가 제대로 되지 않은 경우에 장사를 시작해서 크게 실패하거나 사기를 당하는 경우가 많다. OECD국가 중에서 노인 빈곤율(45%) 1위, 노인 자살률(10만 명당 81.8명) 1위라는 통계가 우리의 슬픈 미래를 보여주고 있다.

필자의 주변을 살펴봐도 50대 중반에 정년을 채워서 축하받으며 은퇴하는 경우를 거의 본 적이 없다.

그만큼 정년퇴직이라는 의미는 퇴색되어 가고 있다. 정년퇴직을 60세로 정하지 말고, 제도화해서 정년퇴직을 '새 삶 퇴직'이나 '리스타트 퇴직'이라는 호칭으로 45~50세 사이에 의무적으로 하게 하는 것은 어떨까 싶다.

경험이나 노하우가 필요한 몇몇 업종을 제외하더라도 대부분의 사무직이나 행정관련 업무를 하는 기업들의 1차 퇴직을 45세 전후로 한다면 알아서 스스로 두 번째 삶을 준비할 수 있지 않을까? 물론 이 나이 때가 자녀 교육비나 생활비가 가장 많이 들어가는 시기이므로 누적 퇴직금을 1차 퇴직 때 주면 어느 정도 해결될 것이다.

피델리티자산운용에서 도시 근로자의 '은퇴 후 예상 소득'에 대한 분석 자료를 내놨는데 은퇴 전 연 5,000만 원을 벌었던 근로자가 희망하는 은퇴 후의 소득은 연 3,050만 원이라고 하고, 실제 부지런히 모아서 마련할 수 있는 소득은 2,150만 원이라고 한다.

약 1,000만 원가량이나 차이가 있는데, 이는 희망수준과 실제 현실의 괴리감을 잘 나타내고 있는 것이다. 이처럼 많은 사람들이 이러한 은퇴 이후의 불안감은 가지고 있으면서 아직도 제대로 어떤 준비도 못하고 있는 실정이다.

필자도 강의할 때 대한민국 남자들의 최고의 재테크는 현재 회사에서 잘리지 않고 정년을 채우는 것과 함께 건강을 유지하는 거라고 강조한다. 하지만 실제 정년을 채우는 비율이 높지 않기 때문에 극단적으로 나의 정년은 45세 전후라는 생각을 한다. 나 개인적으로 그리고 우리 가정을 위한 무언가의 준비를 시작해야 한다.

그 무언가의 준비가 자격증이나 혹은 관심분야의 다른 업종도 상관없다. 우스갯소리로 '암에 걸리지 않기 위해 암보험에 가입한다'라고 한다.

준비를 해놓으면 심리적으로 편안한 상태가 되어 오히려 신체적·정신적 건강에 도움이 된다. 준비된 자가 하는 행동과 준비가 되어있지 않은 자의 대응자세는 천지 차이이다. 그 준비된 자의 여유로움을 갖고 싶지 않을까?

노후가
기다려지는 마음

03

한때 국내 영화계를 강타했던 박범신 원작, 정지우 감독의 〈은교〉라는 영화가 있었다. 한 노시인을 주인공으로 나이가 든다는 것과 늙는다는 것에 대해 생각하게 해준 영화로 기억한다. 이 영화에서 주인공인 이적요 시인은 젊은이들에게 이렇게 외친다.

"너희 젊음이 노력해서 받은 상이 아니듯 내 늙음도 내 잘못으로 받은 벌이 아니다."

노인이 되어버린 것에 대한 근원적 공포와 서글픔이 한껏 깃든 표현이 아닐까 싶다. 누구나 나이가 들고 늙어가는 것은 자명한 사실인데, 이를 어떻게 받아들이고 준비하느냐에 따라서 30년 이상의 노후 시간이 달라질 수 있다.

또 다른 명언으로 '피할 수 없으면 즐겨라'가 있다. 학교 도서관이나 화장실 등의 벽에 낙서로 많이 볼 수 있었는데, 대학교 입시를 준비할 때 혹은 군 입대를 앞두고 두려울 때 위안을 주었던 글귀 중 하나였다.

어차피 맞닥뜨릴 것이라면 기분 좋게 '이제 왔니? 자, 한 번 해볼까?' 독백하면서 현실을 받아들이는 것이 어떨까? 이는 비단 '나이

듦, 노후'라는 거창한 주제가 아니더라도 학교생활이나 직장생활
에서도 똑같이 적용되는 삶의 태도이다.

　페이스북이나 트위터 등을 보면 가끔 '40대가 되니 ○○이 바뀌
었다' '50대가 되니 ○○ 좋아졌다'라는 글이 올라온다. 물론 눈도
침침해지기 시작할 것이고, 몸도 예전 같지 않음을 느낄 때도 있겠
지만, 나이를 먹음으로 인해 잃는 것보다는 얻는 게 많다. 패기와
열정은 겁 없는 젊은이에게 조금 밀릴지언정 '노련미'와 '지혜'가
생기는 것이다. 따라서 나이 듦을 반드시 부정적으로 받아드릴 필
요가 없다.

　필자 역시 40대 중반의 나이지만, 지금 20대 초반으로 돌아가고
싶은 마음은 없다. 실패와 도전, 성공을 통해 얻은 삶의 지혜와 경
험, 지식을 쌓아온 과정이 결코 만만치 않았기 때문이다. 100% 만
족한다 말할 수는 없지만 그만큼 치열하게 살아왔고, 현재 삶에 만
족하고 있다. 또한 앞으로 남은 인생의 비전과 목표에 보다 한 걸
음 다가가 있기 때문이리라.

　일본 작가 소노 아야코는 〈간소한 삶 아름다운 나이 듦〉이라는

저서에서 이렇게 이야기한다.

'완전함'이라는 뜻의 히브리어인 '샬렘 샬렘'은 자연 그대로의 상태를 뜻한다. 히브리인들은 '완전함'이란 인간의 손길이 가미되지 않은 처음 그대로의 모습이라고 믿었다. 사람은 언제쯤 완전해졌다고 말할 수 있을까? 자신의 있는 그대로를 인정하게 되었을 때라고 한다. 모양을 가꾸지 않고 '이게 바로 나입니다'라고 마음으로부터 말할 수 있게 되었을 때 진정한 완전한 삶에 서 있다고 할 수 있는 것이다.

허세, 과욕, 집착 등 비대해진 욕망을 과감히 버리고, 분수에 맞는 삶 속에서 자신만의 색을 가지고 미래를 준비하자. 지금까지의 경험과 지혜를 거름 삼아 미래를 설계한다면 젊은이들보다 열심히 무엇인가를 준비하게 될 것이다.

4계절을 눈과 귀와 온도로 느끼는 사람이 있고, 마음과 심리로도 느끼는 사람이 있다. 나이가 들고 연륜이 쌓일수록 후자에 가까워진다고 하는데, 이를 세월의 선물이라고 여기면 어떨까?

신은 인간의 나약함을 가장 좋아하신다고 한다. 그것이 가장 인간다움이기 때문이고, 신의 존재가 더욱 부각될 수 있기 때문이리

라. 그러나 그 나약함이 체념이나 포기의 수단이 된다면 신은 인간에게 실망을 하게 된다. 그 나약함이 겸손함과 자기계발과 발전의 이유가 되어야 하는 것이다. 시간의 흐름 속에 노쇠와 죽음이 우리를 엄습해 올 것이다. 그럴수록 노련함과 쌓은 지혜로 또 다른 삶을 준비하고 만드는 자세가 바로 신이 우리에게 기대하는 모습이다.

웰다잉
준비하기

04

“그래도 87세까지 사셨으면 오래 사셨지. 치매도 없으셨고…….”

“이 정도면 호상(好喪, 복을 누리고 오래 산 사람의 상사(喪事))이야.”

얼마 전 존경하는 모 선배님의 아버님께서 별세하셔서 병원 장례식장에 갔다가 같이 문상을 갔던 일행끼리 주고받은 대화 내용이다. 그런데 갑자기 옆 테이블에서 들리는 대화를 듣고 일행은 모두 무언가에 맞은 듯한 충격을 받았던 적이 있다.

“에고, 아까운 나이에 갔어. 아직 한창인데 할 일이 얼마나 많았을까? 쯔쯧.”

옆 테이블에는 돌아가신 고인의 지인이신 어르신(93)이 혀를 끌끌 차시면서 식사를 하고 계셨다.

100세 시대가 열렸지만, 문제는 그 준비에 있다. 모 연구소에서 설문조사한 ‘은퇴자의 은퇴준비 과정 및 생활실태 분석’ 보고서를 살펴보면 이러한 점을 여실히 알 수 있다.

‘은퇴자산 축적수단 및 희망 은퇴자산 축적수단 비교’라는 통계를 살펴보면 자산이 많거나 적거나 우리나라 국민들의 대부분은 부동산 자산을 은퇴준비로 보고 있고 부동산 자산의 축적과 준비를 가장 희망하고 있는 것으로 나타났다.

하지만 실제 최근 부동산 시장의 흐름을 살펴보면 분양가 이하로 가격이 떨어진 아파트가 상당수를 차지하고 있고, 수익형 부동산의 대명사인 오피스텔이나 도시형 생활주택의 임대수익률도 시중금리보다 약간 높다. 하지만 세금이나 공실 리스크, 중개수수료 등을 감안하면 수익률에 대한 큰 메리트를 못 느끼고 있는 실정이다.

두 번째로 많은 은퇴 희망 자산은 예금/적금인데, 현재 자산이 많을수록 예금/적금보다는 개인연금과 보험으로 더 많은 은퇴준비를 하고 있는 것으로 나타났다.

이는 비과세 등 절세에 대한 자산가들의 니즈를 반영한 것이다.

〈은퇴자산 축적수단 및 희망 은퇴자산 축적수단 비교 — 현재 보유자산 규모별〉

(단위: %)

	2억 이하		2억 1백~4억 이하		4억 1백~6억 이하		6억 1백~8억 이하		8억 1백 이상	
	준비수단	희망수단	준비수단	희망수단	준비수단	희망수단	준비수단	희망수단	준비수단	희망수단
부동산	75.0	75.0	76.0	67.3	73.7	72.7	72.9	77.1	81.4	72.5
예금/적금	13.0	14.0	5.3	11.3	5.0	4.0	8.3	4.2	3.9	5.9
퇴직금/퇴직연금	4.0	3.0	6.0	10.0	7.1	5.1	10.4	4.2	4.9	6.9
개인연금/보험	4.0	6.0	8.7	8.0	5.1	9.1	0	6.3	3.9	5.9
국민연금/공무원/교원연금	1.0	1.0	3.3	2.7	3.0	3.0	2.1	2.1	0	1.0
창업을 통한 투자	2.0	1.0	0.7	0.7	1.0	1.0	2.1	2.1	4.9	2.9
주식/펀드 등 투자상품	1.0	0	0	0	5.1	5.1	4.2	4.2	1.0	4.9

시중금리가 저금리화되면서 일반 금융기관의 예금이나 적금의 운용에 큰 매력을 못 느끼는 국민들이 많다는 것을 알 수 있는 부분이기도 하다.

　필자가 권하는 부분도 부동산에 대한 은퇴준비의 비율을 60% 이하로 줄이고, 퇴직연금, 개인연금, 보험 등 장기 안정 지향적 상품의 운용과 단기 자금으로 투자상품 및 CMA나 MMF 등의 상품 운용을 추천하고 싶다.

〈은퇴자산 충분 정도 및 부족 이유〉

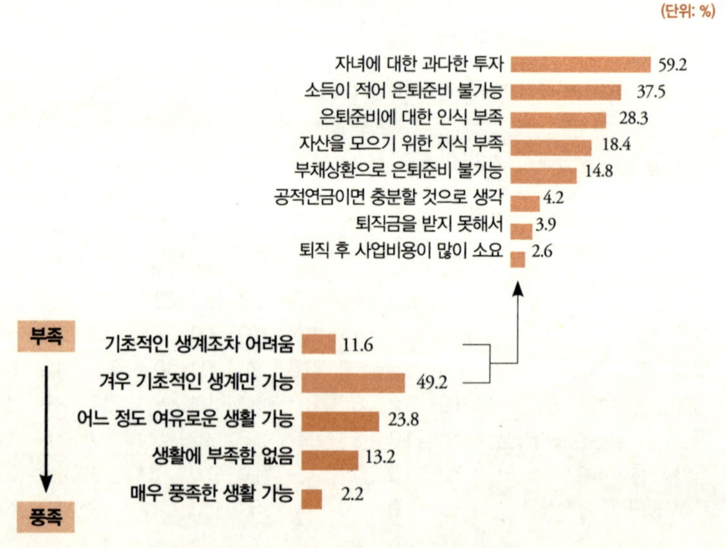

표를 살펴보면 49.2%, 즉 절반 정도의 국민이 '겨우 기초적인 생계만 가능'하다고 대답했다는 점은 자녀의 결혼이나 갑작스런 주거의 이전 및 질병의 발생에는 노후 준비가 취약하다는 것을 의미한다. 노후준비의 부족 이유로 가장 많은 부분이 '자녀에 대한 과다한 투자'와 '소득이 적어 은퇴준비가 불가능'하다는 것을 꼽았다. 아울러 '은퇴 준비에 대한 인식부족'과 '자산을 모으기 위한 지식 부족'이라고 대답한 응답자도 다수 있었다는 것을 알 수 있다.

전체적으로 은퇴준비의 부족이 부동산발 침체로 가계부채와 함께 사회적으로 가장 심각한 문제로 대두되고 있다는 점을 인식해야겠다. 하루라도 빨리 은퇴에 대한 개인적인 직접 준비를 권한다. 장수하는 것에 대한 기본적인 방향, 유병이 아닌 무병, 무전이 아닌 유전 장수하는 인생 플랜을 조속히 짜기 바란다.

'유전 무병 장수'

이것이야말로 진정한 웰다잉(Well-Dying)의 첫 번째 지향점이 아닐까 싶다.

움직이는
행복발전소가 되자

소설가 박완서의 『너무도 쓸쓸한 당신』이라는 소설이 있다. 한 초로의 부인이 아들의 졸업식장에서 안사돈에게 은근한 모욕을 당하고 난 뒤, 평소 체제에 순응하면서 멋도 없고 비굴하기까지 해서 경멸했던 남편, 그것도 오랫동안 떨어져 산 남편을 다시 생각하는 과정을 잔잔하게 보여준다.

이 책은 쓰나미같이 변화와 속도가 큰 세상에서 '늙음'과 '행복'의 의미는 우리를 잠시 멈추고 생각하게 한다. 작가는 '늙은이 너무 불쌍해 마라. 늙어도 살맛은 여전하단다'라고 말하고 있다. 기립해서 환호성과 박수를 보내고 싶은 문구이다.

'나이'가 우리 인생의 즐거움을 빼앗아가는 것이 아니다. 젊을 때와는 다른 경험과 느낌으로 즐길 줄 아는 방법과 경험을 선사하는 것이다. 오히려 다른 사람에게 인생의 즐거움과 행복을 퍼뜨릴 수 있는 지혜로움을 발휘하게 되어 훨씬 풍요로운 시간과 삶을 영위할 수 있을 것이다.

20대 젊은이가 묻는다.

"넌 행복하니?"

이 말에는 '난 도무지 인생을 모르겠어. 행복? 글쎄 어떻게 찾고

어떻게 만드는 건지 모르겠고 도무지 행복하다는 사람들이 이해
가 안 가. 난 그런데 넌 어떠니?'라는 생각이 밑바탕에 깔려있다고
보면 된다.

이번에는 70대 어르신이 묻는다.

"우리 갑돌이는 행복하니?"

이 말에는 '인생에는 많은 행복이 있단다. 그러한 행복을 느끼는
사람들이 많지가 않아 안타깝구나. 나도 예전에는 그걸 몰랐는데
이제는 알 것 같아. 그럼 갑돌이는 이러한 행복을 알고 있니? 내가
알려줄까?'라는 속뜻이 있다고 보면 된다.

최근에 필자가 느끼는 행복의 정의는 '오늘이 행복해야 내일도
행복하다'는 것이다. 오늘 조금 덜 먹고 덜 느끼고 고생스럽게 준
비하면 내일은 훨씬 풍요로울 것이라는 생각을 이젠 버리자.

'고기도 먹어본 사람이 잘 먹는다'고 매일매일 행복해야 또 행복
을 느낀다는 생각으로 생활하자.

메뉴를 고를때 맛과 먹을 줄을 몰라 "저도 같은 걸로요"라고 하
기보다는 나만의 행복메뉴를 정하고 고르는 경험을 매일매일 해
보자.

이제는
자서전을 쓰련다

흔히 자서전은 뛰어난 업적을 남긴 저명인사나 위인들이 쓰는 것이라고 생각한다. 하지만 필자의 생각은 다르다. 자서전은 누구나 쓸 수 있고 자신의 인생을 되돌아보는 좋은 계기가 된다.

자기소개서를 쓰듯이 ○년 ○월 ○일에 태어나 가족 간의 사랑과 형제 간의 우애를 강조하시는 아버지와 온화한 웃음을 잃지 않으시는 어머니 사이에서 ○남 ○녀 중에 ○째로 태어나, 이런 식으로 쓰지 않아도 상관없다.

가만히 생각해보자. 현재까지 나의 인생에서 가장 크게 다가왔던 사건이나 이벤트는 무엇일까? 연애와 결혼, 직장 취업과 사회생활, 친지의 죽음과 그에 대한 추억, 해외여행 등등. 많은 일들 중에 가장 의미가 있고 큰 비중을 차지하고 있는 일을 3~5개를 정해 그 일에 대한 이야기부터 풀어 쓰면 그만이다.

큰 업적을 남기거나 위인이라고 할 정도의 사람이 아니라면, 죽고 난 뒤 나의 자서전을 써줄 수 있는 사람은 아무도 없다. 지금까지의 인생을 돌아보며 꿈과 하고자 했던 일들 혹은 어떤 실천에 대해 다시 떠올리게 되는 계기가 되고, 남은 인생에서 또 하나의 엔진이 될 수도 있기 때문에 자서전에 꼭 도전해 보기를 권한다.

앞장에서 언급되었던 〈버킷 리스트 - 죽기 전에 꼭 하고 싶은 것들〉이라는 영화와 〈나우 이즈 굿(Now is good)〉이라는 영화는 공통점이 있다. 두 영화 모두 죽음이 얼마 남아있지 않은 주인공들이 죽기 전에 꼭 해보고 싶은 일들의 리스트를 적어놓고 실천하는 내용이다.

필자가 강의를 하거나 사람들을 만나면서 버킷 리스트를 작성해서 가지고 있는 경우는 거의 없다. 즉, 꿈과 함께 이루고자 하는 일이나 경험하고 싶은 것이 없이 생활하는 사람들이 대부분인 것이다.

이렇게 버킷 리스트가 없는 사람들에게 필자가 직업이나 나이를 불문하고 꼭 강조하는 버킷 리스트의 항목 중에 제일은 '자서전 쓰기'이다. 처음에는 일기를 쓰듯 그리고 점점 스토리를 만들어 나가면 그만이다. 기억에 남는 인물 위주의 목차도 상관없다.

자신의 인생을 되돌아보는 방법 중에 자서전이라는 거창함이 아니더라도 자신의 인생을 정리해 보는 글을 써 보는 것이 어떨까?

이왕이면 60세 전후로 작성하고 남은 약 20년 이상의 노후에 방향계로 활용하면 좋을 것이다. 즉, 과거 철들기 시작하면서부터 약 40년 간의 인생에서 후회스러운 부분만 발췌해서 20년 이상 남은 노후에 차근차근 올바른 방향으로 생활하면 될 것이다.

유명인이 아니더라도 요즘에는 개인 카페나 블로그 혹은 소셜 네트워크(SNS) 등 다양한 방법의 글쓰기 마당이 준비되어 있다는 것을 생각한다면 자신을 주인공으로 한 '인생 재설계'란 영화의 시나리오를 작성해보도록 하자.

끝이 아닌
새로운 시작을 만든다

07

　필자의 주변에는 끝을 모르시는 분들이 꽤 많으시다. 전에 모셨던 모 부행장님은 80세가 넘으셨는데도 불구하고 얼마 전 방송통신대학교에서 본인의 분야와 무관한 과에 입학해 지난해 학위를 따셨다. 또 다른 선배님은 50대 중반에 인생의 새로운 시작을 위해 과감하게 은행을 그만두시고 지방에 내려가 블루베리 농장을 운영하면서 자연과 인생 2막을 멋지게 진행하고 계시다.

　케이블 TV프로그램 중에 여행 채널의 여행 관련 프로그램을 자주 보곤 한다. 그런데 그 프로그램에 자주 등장하는 인물들이 있는데, 바로 세계 곳곳에 가도 꼭 있는 은퇴 이후의 부부 여행자들이다.

　아시아를 시작으로 전 세계를 여행하고 계시다는 분들. 이런 모습에서 은퇴 이후의 또 다른 시작을 어떻게 해야 할지 새로운 길을 배우게 된다. 외국의 경우에도 이처럼 부부가 함께 은퇴 이후 해외여행을 시작하는 경우도 있고, 지역사회의 교육 봉사 활동이나 부랑자들을 대상으로 한 인생 재설계의 코치, 지역 스포츠 팀의 감독이나 코치로 활동하는 경우를 종종 보곤 한다.

특히 개인 자산 관리사나 의료 서비스 종사자처럼 은퇴가 없는 직종에 관련된 자격증 시험이나 준비를 통해서 거동에 불편이 없을 때까지 또 다른 사람들을 위해 봉사하는 경우도 흔하다.

은퇴 이후의 새로운 삶은 동서양을 막론하고 이슈가 되고 있고 많은 노인들의 주요 관심사로 떠오르고 있다.

소설가 현길언의 소설 『섬의 여인 김만덕 꿈은 누가 꾸는가』에서 작가는 이렇게 이야기한다.

"가진 자들은 그들의 욕망과 가치를 실현하기 위해 꿈을 꾸지만, 절망적인 처지에 있는 사람은 세상을 위한 아름다운 꿈을 꿀 수 있다."

물론 소설은 한 여인의 삶에 대한 내용이지만, 이 문구만큼은 현대를 살아가는 많은 이들에게 큰 메시지를 전달한다. 가끔 영화나 드라마를 볼 때 주인공들이 다시 일어서거나 큰일을 도모할 때 이런 표현을 쓴다.

"까짓것 한 번 해보자. 우리가 잃을 게 더 뭐가 있겠어?"

새로운 세상을 만들어갈 때 성공할 수 있는 확률은 소수 상류층보다 다수 중산층 이하의 우리들이 더 높다는 것이다.

'더 잃을 게 있겠어?'라는 표현이 나올 정도로 어려운 상황이 되지는 말아야 하겠지만, 조금 잃는다고 크게 바뀌지 않을 인생이라면 지금의 인생 만족도나 추구하는 행복이나 비전에서 더 큰 목표를 만들고 헛스윙을 하더라도 한 번 크게 휘두르는 타자의 뱃심을 부려보자. 내 스윙에 걸리기만 하면 바로 홈런이 될 정도의 힘과 정확도는 평소에 꾸준하게 준비한다는 전제를 깔고 말이다.

우리가 등산을 하거나 산책을 할 때 집에서 옷을 입고 밖으로 나오기가 힘들지 막상 나오면 상쾌하고 몸이 풀리면서 나오길 잘했다고 느낀다. 인생에서의 도전도 시작은 어렵지만, 조금 지나면 잘했다는 생각을 하게 된다.

필자의 인생 철칙 중에 하나가 '하지 않고 후회하는 것보다 하고 나서 후회하는 편이 낫다'이다. 물론 투자나 재테크에서는 반대로 하지 않고 후회하는 편이 낫지만, 인생의 꿈을 이루는 데는 저지르고 후회하는 편이 낫다. 결과보다 과정을 중시하다 보면 후회하는 경우는 거의 없기 때문이다.

'은퇴하다'를 영어로 'Retire'라고 하는데 이는 '타이어를 새로

갈다(Re+Tire)'라고도 할 수 있다. 자동차의 승차감이 좋지 않거나, 한쪽으로 쏠리거나, 커브를 돌 때 불안정하면 타이어를 점검하고 마모 정도에 따라 타이어를 새것으로 교체한다.

은퇴란 표현의 영어를 보면 '타이어를 새로 바꾸다'로 해석할 수 있는데, 굳이 은퇴가 아니더라도 인생의 한 시점에서 새로운 꿈을 꾸고 새로운 시작을 한다는 것도 이러한 마음으로 시작해 보는 것이 어떨까?

흔들릴 때 진정
인간의 진가를 묻게 된다

예부터 우리 속담 중에는 '가지 많은 나무 바람 잘 날 없다'라는 말이 있다. 자식을 많이 둔 어버이에게는 근심, 걱정이 끊일 날이 없음을 비유적으로 이르는 말로 주로 쓰인다. 또 인생에서도 어떤 일을 할 때 생각이 많다거나 주변에 조력가나 친구가 많을 때도 '사공이 많으면 배가 산으로 간다'라는 표현과 함께 자주 쓰인다.

하지만 필자는 이 말에 동의하고 싶지 않다. 나무는 사람들에게 많은 열매를 맺어서 풍성한 과일을 주기도 하고, 여름에 시원한 그늘을 제공하며, 장마철에는 빗물을 흡수해서 홍수나 산사태를 막아주기도 한다. 뿐만 아니라 상쾌한 공기를 주고 자체만으로 멋진 경관을 연출해 사람들에게 휴식과 마음의 평안을 제공한다.

이렇게 나무가 우리에게 많은 혜택을 줄 수 있는 것은 바로 풍성한 가지와 잎이 있기 때문이다. 가지가 많고 잎이 풍성해야 그만큼 꽃도 많이 피고 꽃이 많이 피어야 열매도 많이 생긴다.

'왜 나에게만 이렇게 안 좋은 일들이 생기는 것일까?'

'난 왜 이렇게 운이 없을까?'

이 모든 것이 아직 꽃이나 열매를 맺기 전 나무의 푸념이라고 생각하면 어떨까?

나에게만 오는 어려움이나 고생이 아니다. 누구나 비슷한 크기의 고민과 어려움을 안고 태어난다. 태어나면서부터 엄청난 지식과 경험을 가지고 태어나는 사람은 없다. 시행착오와 경험이 쌓여 백과사전보다 많은 데이터를 얻게 되고, 최신 컴퓨터가 따라올 수 없는 상황판단과 예측을 할 수 있는 것이다.

단 한 사람의 예외 없이 똑같은 시간에 새벽을 맞고 아침을 느끼며 하루를 보내고, 봄, 여름, 가을, 겨울이라는 계절을 느끼고, 한두 해 세월을 보낸다. 그런데 누구는 그 시간들의 흐름을 지배하여 꿈을 준비하고 이루어 나가고 있고, 누구는 늘 화들짝 놀라기만 하면서 이미 늦었다는 자책감과 좌절로 지금까지의 잘못을 묻어버린다.

당신이 어떤 종교를 믿든 무교이든 '신은 공평하다'라는 말에 동의할 것이다. 필자가 보기에도 정말로 신은 공평하다. 장애가 있거나 어려운 환경의 사람들이 더 성공하고 인생을 개척해 나가고 있다.

주변을 둘러보라. 바쁜 사람이 더 많은 책을 읽고, 공부를 하고, 자기계발을 하며, 자격증을 딴다. 아무리 생각해도 어떻게 저걸 이루었지? 내가 그들의 대열에 낄 생각은 하지 않은 채 늘 그들의 퍼레이드 옆에 서서 감탄만 하는 구경꾼으로 살아갈 셈인가?

내년 이맘때를 생각해보자. '지금부터 시작하지 못했던 것을 후회하고 있는 모습과 그래도 할 만큼 했어'라고 자신을 칭찬하는 모습 중 어떤 모습을 원하는가?

인생은 몸부림에서 시작해서 몸부림으로 끝난다고 한다. 태어날 때의 작은 몸부림에서 죽기 직전의 마음과 정신의 몸부림까지 이어지는 동안, 무수히 많은 유혹과 외풍이 우리를 때릴 것이다. 하지만 인생은 단 두 번의 몸부림으로 족하다. 작은 미풍에도 흔들리고 물러선다면 결국 인생이라는 신의 테스트를 통과하지 못하게 될 것이다.

심지를 굳게 하여 고개를 약간 숙이고 어깨를 앞쪽으로 내세우면서 자신의 길을 한 걸음씩 걸어 나가자. 그러한 걸음에 이 책이 작은 버팀목이 되었으면 하는 바람이 간절하다. 24년 정도 직장생활을 하면서 무수히 많은 강의나 사람들과의 인연을 통해서 느꼈던 작은 인생의 경험을 이 책에 녹여보려고 애썼다. 하지만 아직도 멀었다는 생각이 드는 건 나부터 다시 시작하도록 마음먹게 하는 신의 뜻이리라.